制度、名物与史事沿革系列

书院史话

A Brief History of
Private Academies in Ancient China

樊克政 / 著

社会科学文献出版社
SOCIAL SCIENCES ACADEMIC PRESS (CHINA)

图书在版编目（CIP）数据

书院史话/樊克政著. —北京：社会科学文献出版社，2012.1
（中国史话）
ISBN 978 – 7 – 5097 – 2940 – 3

Ⅰ.①书…　Ⅱ.①樊…　Ⅲ.①书院 – 教育史 – 中国　Ⅳ.①G649.299

中国版本图书馆 CIP 数据核字（2011）第 253836 号

"十二五"国家重点出版规划项目

中国史话·制度、名物与史事沿革系列

书院史话

著　　者／樊克政

出 版 人／谢寿光
出 版 者／社会科学文献出版社
地　　址／北京市西城区北三环中路甲 29 号院 3 号楼华龙大厦
邮政编码／100029

责任部门／人文科学图书事业部　（010）59367215
电子信箱／renwen@ssap.cn
责任编辑／张晓莉　李淑慧
责任校对／杨春花
责任印制／岳　阳
总 经 销／社会科学文献出版社发行部
　　　　　（010）59367081　59367089
读者服务／读者服务中心（010）59367028

印　　装／北京画中画印刷有限公司
开　　本／889mm×1194mm　1/32　印张／6.125
版　　次／2012 年 1 月第 1 版　　字数／121 千字
印　　次／2012 年 1 月第 1 次印刷
书　　号／ISBN 978 – 7 – 5097 – 2940 – 3
定　　价／15.00 元

总　序

　　中国是一个有着悠久文化历史的古老国度，从传说中的三皇五帝到中华人民共和国的建立，生活在这片土地上的人们从来都没有停止过探寻、创造的脚步。长沙马王堆出土的轻若烟雾、薄如蝉翼的素纱衣向世人昭示着古人在丝绸纺织、制作方面所达到的高度；敦煌莫高窟近五百个洞窟中的两千多尊彩塑雕像和大量的彩绘壁画又向世人显示了古人在雕塑和绘画方面所取得的成绩；还有青铜器、唐三彩、园林建筑、宫殿建筑，以及书法、诗歌、茶道、中医等物质与非物质文化遗产，它们无不向世人展示了中华五千年文化的灿烂与辉煌，展示了中国这一古老国度的魅力与绚烂。这是一份宝贵的遗产，值得我们每一位炎黄子孙珍视。

　　历史不会永远眷顾任何一个民族或一个国家，当世界进入近代之时，曾经一千多年雄踞世界发展高峰的古老中国，从巅峰跌落。1840 年鸦片战争的炮声打破了清帝国"天朝上国"的迷梦，从此中国沦为被列强宰割的羔羊。一个个不平等条约的签订，不仅使中国大量的白银外流，更使中国的领土一步步被列强侵占，国库亏空，民不聊生。东方古国曾经拥有的辉煌，也随着西方列强坚船利炮的轰击而烟消云散，中国一步步堕入了半殖民地的深渊。不甘屈服的中国人民也由此开始了救国救民、富国图强的抗争之路。从洋务运动到维新变法，从太平天国到辛亥革命，从五四运动到中国共产党领导的新民主主义革命，中国人民屡败屡战，终于认识到了"只有社会主义才能救中国，只有社会主义才能发展中国"这一道理。中国共产党领导中国人民推倒三座大山，建立了新中国，从此饱受屈辱与蹂躏的中国人民站起来了。古老的中国焕发出新的生机与活力，摆脱了任人宰割与欺侮的历史，屹立于世界民族之林。每一位中华儿女应当了解中华民族数千年的文明史，也应当牢记鸦片战争以来一百多年民族屈辱的历史。

当我们步入全球化大潮的21世纪，信息技术革命迅猛发展，地区之间的交流壁垒被互联网之类的新兴交流工具所打破，世界的多元性展示在世人面前。世界上任何一个区域都不可避免地存在着两种以上文化的交汇与碰撞，但不可否认的是，近些年来，随着市场经济的大潮，西方文化扑面而来，有些人唯西方为时尚，把民族的传统丢在一边。大批年轻人甚至比西方人还热衷于圣诞节、情人节与洋快餐，对我国各民族的重大节日以及中国历史的基本知识却茫然无知，这是中华民族实现复兴大业中的重大忧患。

中国之所以为中国，中华民族之所以历数千年而不分离，根基就在于五千年来一脉相传的中华文明。如果丢弃了千百年来一脉相承的文化，任凭外来文化随意浸染，很难设想13亿中国人到哪里去寻找民族向心力和凝聚力。在推进社会主义现代化、实现民族复兴的伟大事业中，大力弘扬优秀的中华民族文化和民族精神，弘扬中华文化的爱国主义传统和民族自尊意识，在建设中国特色社会主义的进程中，构建具有中国特色的文化价值体系，光大中华民族的优秀传统文化是一件任重而道远的事业。

当前，我国进入了经济体制深刻变革、社会结构深刻变动、利益格局深刻调整、思想观念深刻变化的新的历史时期。面对新的历史任务和来自各方的新挑战，全党和全国人民都需要学习和把握社会主义核心价值体系，进一步形成全社会共同的理想信念和道德规范，打牢全党全国各族人民团结奋斗的思想道德基础，形成全民族奋发向上的精神力量，这是我们建设社会主义和谐社会的思想保证。中国社会科学院作为国家社会科学研究的机构，有责任为此作出贡献。我们在编写出版《中华文明史话》与《百年中国史话》的基础上，组织院内外各研究领域的专家，融合近年来的最新研究，编辑出版大型历史知识系列丛书——《中国史话》，其目的就在于为广大人民群众尤其是青少年提供一套较为完整、准确地介绍中国历史和传统文化的普及类系列丛书，从而使生活在信息时代的人们尤其是青少年能够了解自己祖先的历史，在东西南北文化的交流中由知己到知彼，善于取人之长补己之短，在中国与世界各国愈来愈深的文化交融中，保持自己的本色与特色，将中华民族自强不息、厚德载物的精神永远发扬下去。

《中国史话》系列丛书首批计 200 种，每种 10 万字左右，主要从政治、经济、文化、军事、哲学、艺术、科技、饮食、服饰、交通、建筑等各个方面介绍了从古至今数千年来中华文明发展和变迁的历史。这些历史不仅展现了中华五千年文化的辉煌，展现了先民的智慧与创造精神，而且展现了中国人民的不屈与抗争精神。我们衷心地希望这套普及历史知识的丛书对广大人民群众进一步了解中华民族的优秀文化传统，增强民族自尊心和自豪感发挥应有的作用，鼓舞广大人民群众特别是新一代的劳动者和建设者在建设中国特色社会主义的道路上不断阔步前进，为我们祖国美好的未来贡献更大的力量。

陈奎元

2011 年 4 月

⊙樊克政

作者小传

　　樊克政，山西沁水人。1942年生于郑州，1963年毕业于西北大学历史系。中国社会科学院历史研究所研究员。独著有《龚自珍生平与诗文新探》、《中国书院史》、《龚自珍年谱考略》等，合著有《中国近代哲学史》、《中国思想史纲》、《宋明理学史》等。

目 录

引　言

　　书院是中国历史上的一种特殊教育组织形式。其别具一格的教学与组织管理等制度，萌芽于唐，形成于宋，废改于清末，有千年以上的发展史。

　　书院制度之所以萌芽、形成于中国封建社会的唐、宋时期，并不是偶然的。其主要原因有以下几点：

　　（1）从教育史的角度看，如果说，从唐代末期到五代时期，由社会动荡而引起的官学的衰微乃至废弃殆尽，以及宋初统治者为加强中央集权而无暇顾及官学教育，均使士子求学成为一种社会问题，是促使书院产生并一度兴起的主要历史机缘的话，那么，促使书院产生并能得到发展的一个更为深层的原因则在于：自隋、唐以后，伴随着科举制度的创立与发展，官学逐渐沦为科举的附庸，一些真心求学的士子势必要在官学以外去寻找就学的场所，具有学校性质的书院正适应了这一客观需要。

　　（2）书院的发展及其一整套制度的形成，又是同理学的兴起与发展联系在一起的。宋朝时，中国传统的儒学在以自身为主并吸取佛学与道教思想的基础上，发展到理学的阶段。但理学对于维护和加强封建统治的作用，在起初的一段时间里并不为封建统治者所认识，于是理学家们便只好以书院作为从事研究与传播理学的重要基地，而这就势必促进书院的发展及其制度的臻于成熟。

（3）历史事实表明，具有独特教育制度的书院，是从唐代私人读书治学或讲学、授徒的书院发展而来，后来建立的著名书院一般又以藏书为主要功能之一。这显然意味着书院的产生与发展，必须以书籍的大量流通作为前提条件，而雕版印刷术在唐代的产生，无疑正提供了这样的条件。

由以上所述来看，书院制度只能是中华文明史发展到唐、宋时期的产物。不过，这还只是书院与中华文明史相互关系的一个方面，这种相互关系的另一个方面则是，书院对中华文明史的发展也有着重要的促进作用。

其一，书院促进了中国学术思想史的发展。具体表现：一是宋、元、明、清时，学术思潮的演变是与书院的发展密不可分的，没有书院的发展，无论是宋代理学的大盛还是明代心学与清代汉学的大盛，都是不可思议的；二是在上述朝代中有不少重要的学术思想流派，如宋代的程朱学派、湖湘学派、金华学派、象山学派，明代的甘泉学派、阳明学派、东林学派，清代的乾嘉学派等，都是以书院为主要基地而形成或发展起来的。

其二，书院也促进了中国文学史的发展。宋、元、明、清时，除了有不少著名思想家与学者曾在书院充任主持人或从事讲学活动以外，还有一些著名文学家活跃于书院的讲坛。书院是他们的文学思想得以传播的重要渠道之一。例如，清代号称桐城派"三祖"之一的姚鼐，在书院讲学长达数十年，其弟子方东树、姚椿、姚莹、梅曾亮，再传弟子吕璜、方宗诚等，也曾在书院讲学。桐城派之所以能够成为清代一个最大的文学流派，应当说，姚鼐等人在书院所从事的讲学活动是一个重要的因素。

其三，书院促进了中国图书事业史的发展。这也包括两个方面。一方面，历代著名书院一般都有藏书，这就使一大批典籍通过书院得以保存，同时，在这个过程中也逐渐形成了愈来愈严密的图书收藏与维护等方面的制度，从而丰富了我国的图书管理经验。另一方面，宋代以后，书院还具有了刻书的功能，而书院刻书也为繁荣我国的图书事业做出了贡献。

其四，书院对促进中国教育史的发展尤其具有重要的意义。宋、元、明、清时的著名书院，一般都是当时各地的教育中心，对推进所在地区文化教育事业的发展起过举足轻重的作用。与此同时，书院在其长期的发展过程中，在教学与组织管理等方面还积累了许多经验，并形成了不少与官学迥然有别的特点，如把从事教学工作与进行学术研究结合起来，不同学派可以在同一书院中讲学，注重对学生自学能力的培养，师生感情甚笃以及管理人员较少等。所有这些，不仅丰富了我国的教育遗产，而且为今天的教育改革提供了有益的借鉴。在这方面，毛泽东早在 1921 年创办湖南自修大学时，就曾提出过"取古代书院的形式，纳入现代学校的内容"（《湖南自修大学创立宣言》）的著名主张，这为我们正确借鉴书院的宝贵经验，指出了方向。

其五，还应提到三点：一是书院在促进中国史学史的发展以及近代的社会演化等方面，也曾起过一定的作用。二是书院曾培育出大批著名的历史人物，他们在中国封建社会后期与近现代历史上分别在各个领域做出过杰出的贡献。这尤其能体现出书院对促进中华文明史的发展所起的重大作用。三是中国的书院文化还曾传播到国外，对中外文化交流也具有一定的促进作用。

总之，书院与中华文明史的关系是十分密切的，在中华文明史上有着重要的历史地位。

一 书院的起源

唐代官方所设的书院

书院这一名称肇始于唐代。

唐代书院有官方所设的，也有私人所建的。唐代中央政府所设的书院相继称为乾元书院、丽正书院与集贤书院。说到这种书院，就不能不提到唐玄宗（685~762年）在位时整理内库（即皇宫府库）图书的活动。

原来，我国的图书事业发展到隋代已具有较大的规模。唐王朝建立后，一方面继承了隋朝政府的藏书，另一方面又一再从民间搜集、收购图书，并命人整理、校勘、写录、收藏。但到了开元初年，由于在此以前较长一段时间里，封建统治者对图书事业重视不够，内库图书残缺遗逸、篇卷错乱的状况十分严重。为此，唐玄宗亲自发起了一场整理图书的活动。

综合《旧唐书》、《新唐书》、《集贤注记》、《唐会要》的有关记载，这一活动的主要经过大致如下。

开元三年（715年）冬，玄宗首次指示侍读马怀素与褚无量整理图书。开元五年（717 年），玄宗在东都洛阳正式下令部署，在东都乾元殿东廊下，分经、史、子、集四部校写内库图书，并广采天下异本，传写、收藏，称为乾元书院或乾元院。院内设刊正官四人，以其中之一的褚无量为判院事，负总责，又设押院中使一人、知书官八人。

开元六年十二月，乾元院改称丽正修书院，又名丽正书院或丽正院（次年，徙书于东都东宫丽正殿），设置修书使与检校官，改修书官为丽正殿直学士。此后几年间，先后由褚无量、元行冲、张说继续领导搜书、校书，并从事编目、编纂书籍等工作。同时，院内还相继增设了文学直与修撰、校理、刊正、校勘官以及丽正院修书学士，又先后在西京长安（今陕西西安西北）光顺门外与东都明福门外，也设置了丽正书院。

开元十三年（725 年），张说等修撰《封禅仪注》一书告成。为庆贺这件事，同年四月，玄宗亲自在集贤殿宴请有功之臣。在这次宴会上，玄宗下令将丽正修书院改称集贤殿书院，又名集贤书院或集贤院（后又在西京兴庆宫和丰门南与临潼华清池北横街西也设立了集贤书院）。院内五品以上为学士，五品以下为直学士。以宰相一人为学士知院事，常侍一人为副知院事，又置判院一人、押院中使一人。后又设修撰官、校理官、留院官、文学直、书直、画直等，政府定量供给纸、墨与制笔所需的兔皮，继续从事图书的搜集、校写与编纂等。到开元十九年（731 年）冬，集贤书院经过自乾元书院以来对图书的不断整理、补充，已建立了一套规模甚为可观，并较为系统的藏书。院中藏书共计 80080 卷，其中经库 13752 卷，史库 26820 卷，子库 21548 卷，集库 17960 卷。

从上述可以看出，集贤书院及其前身乾元书院与丽正书院，是在开元年间由唐玄宗亲自发起的整理内库图书的活动中，依次出现的一种以图书的搜集、校理与收藏为主要职责的机构。这里需要补充说明的是，有关历史记载与《全唐诗》中的有关诗作还表明，集贤书院中所设学士的职责，除了主要从事图书方面的工作以外，还有承旨撰文、侍讲侍读以及征求贤才、建言筹策等。不过，这并不能改变集贤书院作为从事校书、藏书事业的机构的基本特性。所以，集贤书院同乾元书院、丽正书院一样，与作为学校性质的书院是名同而实异的。

唐代私人所建的书院

关于唐代私人所建的书院，从《全唐诗》中可以查到以下一些有关的诗作：卢纶的《同耿拾遗春中题第四郎新修书院》（一作《同钱员外春中题薛载少府新书院》）与《宴赵氏昆季书院因与会文并率尔投赠》，王建的《杜中丞书院新移小竹》，杨巨源的《题五老峰下费君书院》，吕温的《同恭夏日题寻真观李宽中秀才书院》，杨发的《南溪书院》，李群玉的《书院二小松》，贾岛的《田将军书院》，曹唐的《题子侄书院双

松》，齐己的《宿沈彬进士书院》。这些诗作大抵都是
安史之乱（755～763 年）以后亦即唐代后期的作品。
其中有的诗作对书院的活动有所述及，从中可知，这
类书院大都是文人学者个人读书或研讨学问的所在地。

这些书院，仅从《全唐诗》的有关诗题还看不出
其具体地点。不过，有三所书院在地方志中也有记载。
一所是费君书院。嘉庆《山西通志》卷五十九记载，
在虞乡县（今山西永济）的五老峰下。一所是李秀才
书院。光绪《湖南通志》卷六十九载明，在衡阳的石
鼓山。另一所是南溪书院。据雍正《四川通志》卷五
载，该书院在南溪县西北。

据地方志与其他书籍记载，在今属湖南、福建、
江西、四川、浙江、陕西、广东、山东诸省境内，唐
代还有一些私人所建的书院。它们是：衡山的韦宙书
院、卢藩书院与邬侯书院，耒阳的杜陵书院，攸县的
光石山书院，武陵桃川宫东北（今属湖南桃源）的天
宁书院，漳浦的梁山书院，建阳的鳌峰书院，长溪东
北（今福建福鼎）的草堂书院，江州（今江西九江）
的景星书院，吉州东北（今江西永丰）的皇寮书院，
高安的桂岩书院，遂宁书台山下的张九宗书院，巴州
（今四川巴中）书案山的丹梯书院，会稽（今浙江绍
兴）的丽正书院，龙丘（今浙江衢州东北）的九峰书
院，寿昌青山的青山书院，蓝田的瀛洲书院，浈昌
（今广东南雄）的孔林书院，临朐的李公书院等。

这些私人所建的书院，大多数也建于安史之乱以
后，并且多数也是个人隐居读书的所在，不过有的已

经有了讲学、授徒的活动。如：皇寮书院的创建人刘庆霖曾在所创书院中讲学，桂岩书院的创建人幸南容曾在该书院"授业"，鳌峰书院则系其创建人熊祕的子孙的"肄业之所"（民国《建阳县志》卷八）。这后一种书院的出现表明，具备学校性质的书院在唐代就已经产生了。但同时也应看到，类似于皇寮、桂岩、鳌峰这样的书院，在唐代还只是凤毛麟角，为数极少。从书院发展的历史进程来看，具备学校性质的书院，这时还仅仅是破土抽芽。

二 五代的书院

　　唐天祐四年（907 年），朱温（852～912 年）废唐称帝，改元开平，建立了后梁（907～923 年），中国历史从此进入五代十国时期。其时，在北方，是后梁、后唐（923～936 年）、后晋（936～947 年）、后汉（947～950 年）、后周（951～960 年）5 个王朝的频繁更迭；在长江流域及其以南地区，则是除去北汉以外的吴、吴越、前蜀、楚、闽、南汉、南平、后蜀、南唐九国割据称雄的局面。这一时期，社会动荡，战乱不断。这一方面使书院难以有很大的发展，但另一方面也使官学废弃殆尽，以致继唐末战乱之后，士子求学愈发成为一种社会问题，从而使书院幼芽有可能继续滋长。事实上，在个别有适宜条件的地区，书院还是有所发展的。

　　这一时期较为重要的书院，首推南唐境内德安东林山下的东佳书堂。该书堂始建于唐末。从《江州陈氏义门宗谱》所载陈崇立于唐大顺元年（890 年）的《家法三十三条》来看，该书堂当时不仅吸收陈氏本族子弟入学，而且接纳外地士子前来修业，书堂中还设专人负责管理书籍。因此，该书堂在唐末已具有教育功能，这一点是确凿无疑的。值得注意的是，南唐时，该书堂又有了明显的发展。北宋开宝二年（969年），著名学者徐锴应东佳书堂的门生章谷所请，为该书堂写过一篇《陈氏书堂记》。从中可知，在南唐烈祖李昪（888～943年）至后主李煜（937～978年）统治期间，该书堂已拥有数十间学舍、上千卷图书和多达2000亩的学田，以供四方人士前来游学和本族子弟就学之需，并造就出一些知名之士。另据有关资料来看，这时该书院还有了"义门书院"的名称。所以，至迟在这时，东佳书堂无疑已是一所具有一定影响的家庭化书院了。

除东佳书堂外，这一时期，南唐境内还有匡山书院、梧桐书院等。

匡山书院在太和（今江西泰和），罗韬建。罗韬，字洞晦，庐陵（今江西吉安）人。后唐明宗长兴（930～933年）间，曾被授端明殿学士，辞不就职。归里后，因喜爱匡山山水而迁居太和，建书院于匡山山麓，从学者甚众。

梧桐书院在奉新梧桐山下，系当地人罗靖、罗简兄弟讲学之所。罗靖，字仁节，罗简，字仁俭，并称二罗先生。南唐时，他们累辞官府的征召，一直在书院从事教学活动，以布衣终老。他们的门人分别称他们为中庸先生、诚明先生。

还应提到，在南唐境内，有一所庐山国学。它是宋朝以后著名的白鹿洞书院的前身，因而在中国书院发展史上有一定的地位，有必要予以说明。

庐山国学又名白鹿洞国学、白鹿洞学馆、白鹿国庠、白鹿国学、庐山书堂等，位于庐山五老峰下的白鹿洞。白鹿洞的得名，与李渤（773～831年）有关。李渤，字浚之，洛阳人。唐贞元（785～805年）间，他与兄长李涉（字清之）曾在这里隐居读书。由于他们养一白鹿自随，故人们称他们为白鹿先生。其隐居地因"四山回合，似洞"（毛德琦《白鹿书院志》卷三），则被称为白鹿洞。后来，李渤做了江州刺史，在白鹿洞营建台榭，种植花木，并引来流水，使之成为一处景观。于是，白鹿洞随之而逐渐闻名。庐山国学始建于南唐升元（937～942年）间。其时，南唐当局在建学的同时，还设置学田以供给生徒所需，并任命国子监九经李善道为洞主，负责教学。

南唐时，除李善道外，在庐山国学任教的还有陈贶、朱弼等人。

陈贶，南闽人。平生热衷于教育，不爱做官。南唐元宗李璟（916～961年）曾亲自召见过他，授以江州士曹掾的官职。他固辞不受，依旧回到庐山从事教学。他在庐山国学任教长达30年，许多生徒都出自他的门下。

朱弼，字君佐，建州（今福建建瓯）人。他在庐山国学任教时，很善于教学。据载，每当他"升堂讲释"时，"生徒环立，各执疑难，问辩蜂起，弼应声解说，莫不造理。虽题非己出，而事实联缀，宛若宿构"（马令《南唐书》卷二十三）。可知，他对生徒们在课堂上提出的各种问题、都能迅速做出合理的解答。虽然那些问题都是由生徒们临时提出来的，他却能通过自己的解答，把它们有机地联系在一起，仿佛那些问题都是他事先想好了似的。因此，他深受生徒们的爱戴。由于仰慕他的名声，前来庐山国学肄业的生徒，也比以往多出好几倍。南唐灭亡以后，他曾任衡山主簿，后为南岳庙令。

南唐时的庐山国学曾造就出不少人才，其中较为著名的有李中、伍乔、江为、刘洞、杨徽之（921～1000年）、卢绛、膈鳌、段鹄、孟归唐、李寅、何昼、刘式等。

李中，字有中，九江人。早年肄业于庐山国学，后任新淦令等。著有《碧云集》。

伍乔，庐江人。曾在庐山国学肄业数年。后举进士，任歙州通判、考功员外郎。能诗，精于《易》。南唐灭亡后，隐居不仕。

江为，建阳人。曾在庐山国学从陈贶受业。有诗集行世。

刘洞，庐陵人。曾在庐山国学从陈贶学诗。其诗长于五言，自号"五言金城"。李煜即位后，他曾献诗百篇。去世后，有遗集行世。

杨徽之，字仲猷，浦城人。年少时，即好学。闻庐山国学之名，前往，肄业。后周显德（954～960年）中，举进士，北宋乾德（963～967年）中，任天兴令。后历任峨眉令、侍御史、礼部侍郎、翰林院侍读学士。

卢绛，原名兖，字晋卿，南昌人。曾在庐山国学从朱弼受业。南唐后主时，官淞江巡检、昭武军节度留后。后降宋，被授冀州团练使。

剐鳌，宣城人。家贫好学，入庐山国学，从朱弼受业。北宋太平兴国（976～983年）间，举进士，历官至殿中丞。

段鹄，字正己，永新人。曾在庐山国学读书10余年。后于北宋端拱（988～989年）间举进士，任大理寺丞。

孟归唐，建阳人。与段鹄同入庐山国学读书，能诗。北宋开宝（968～975年）中，被授秘书省正字，历官至大理寺丞，后贬为袁州司户。

李寅，建安（今福建建瓯）人。与段鹄、孟归唐同入庐山国学读书。北宋雍熙二年（985年）举进士，任衢州司理参军。

何昼，永新人。年少时读书于庐山国学。北宋开宝五年（972年）举进士，官至凤翔观察推官。

刘式，字叔度，清江人。曾读书于庐山国学，后举进士。北宋初，任鸿胪、大理寺丞，刑部郎中等。他的五世孙刘清之（1134～1190年）藏有他手抄的《孟子》、《管子》，据说就是他在庐山国学读书时的"日课"。

在分裂混乱的五代时期，南唐的书院却能有所发展，其庐山国学尤能在人才培养方面取得较为显著的成就，绝不是偶然的。首先，当时南方诸国相比中原地区战乱较少，人民的生活环境较为稳定，因而社会经济仍能呈向上发展的趋势，而南唐在南方诸国中，又"比同时割据诸国，地大力强"（陆游《南唐书》卷二），堪称"大邦"。这种情况自然有利于文化教育的发展。其次，南唐的三位君主李昪、李璟和李煜都喜好儒学，李璟、李煜又都酷爱文学，是著名的词人，他们都很重视文化教育，李璟还曾亲临庐山国学视察过。南唐君主的这种重视与关切，显然也是南唐教育事业发展的重要因素。

五代时期，除南唐以外，在其他地区也曾建有新的书院，如洛阳的龙门书院、登封的太乙书院以及窦禹钧在其家乡渔阳（今天津蓟县）所建的书院等。其中，窦禹钧所建的书院有房舍数十间、图书数千卷，礼聘德才兼备的儒二担任教师，并为那些前来求学、出身寒微的贫苦士子提供所需的学习条件。

从以上可以看出，五代时期，有的书院已有了较多的藏书，并能为家境贫寒的学习者提供资助；有的书院还有了专供解决办学经费问题的学田。此外，在作为白鹿洞书院前身的庐山国学中，还出现了"升堂讲释"的教学形式和"日课"。所有这些，都势必对以后的书院发展产生影响。不过也要看到，这一时期，具有学校性质的书院为数依旧极少。在书院发展的漫长历程中，这一时期无疑仍未超出萌芽的阶段。

三 北宋的书院

宋初的著名书院及其特点

后周显德七年（960 年）初，在后周任殿前都检点的赵匡胤（927～976 年）发动兵变，即帝位，改元建隆，建立了宋王朝，都于开封，史称北宋。

宋初，唐末以来动荡、分裂、混乱的局面渐趋结束，从而为文化教育的发展创造了有利的条件。在较为安定的生活环境中，士子们有着强烈的求学愿望，但由于宋朝封建统治者的精力主要用于军事、政治和财政方面加强中央集权，对教育事业，特别是对官学的发展尚无暇兼顾，在这种形势下，书院适应于教育事业发展的客观需要，应运而兴。

关于宋初的著名书院，至迟自南宋以来，一直有所谓"四大书院"的说法。但"四大书院"的具体所指，却众说纷纭。主要说法：一是嵩阳、岳麓、睢阳、白鹿洞四书院为"四大书院"说。此说见于宋人吕祖谦（1137～1181 年）的《白鹿洞书院记》、王应麟（1223～1296 年）的《玉海》，元人吴澄（1249～1333

年）的《重建岳麓书院记》，明人王圻的《续文献通考》，清人汤斌（1627～1687 年）的《嵩阳书院记》等。二是徂徕、金山、石鼓、岳麓四书院为"四大书院"说。此说见于宋人范成大（1126～1193 年）的《衡山记》。三是白鹿洞、岳麓、嵩阳、茅山四书院为"四大书院"说。此说见于宋人袁燮（1144～1224 年）的《四明教授厅续壁记》。四是白鹿洞、石鼓、应天府（睢阳）、岳麓四书院为"四大书院"说。此说见于元人马端临（1254～1323 年）的《文献通考》、明人王祎（1322～1373 年）的《游鹿洞记》等。五是睢阳、石鼓、岳麓、白鹿洞四书院为"四大书院"说。此说见于明人李梦阳（1473～1530 年）的《大梁书院碑记》。

以上几种关于宋初"四大书院"的主要说法所涉及的书院，除了徂徕书院以外，岳麓、白鹿洞、睢阳、嵩阳、石鼓、茅山六所书院，都是较多为后人所提到的（范成大所说的金山书院，实即茅山书院），我们完全可以而且应当把它们都看做是宋初声名尤著的书院。

岳麓书院 在善化县（今湖南长沙）西岳麓山抱黄洞下。宋太祖开宝九年（976 年），潭州太守朱洞创建。其时共建讲堂 5 间、斋舍 52 间。宋真宗咸平二年（999 年），潭州太守李允则予以扩建，使讲堂位于书院中心，并建书楼，设像供祀孔子及其弟子，又辟水田，以解决每年春、秋两季举行"释奠"（古代学校祭祀先师的典礼之一）的经费问题。生徒定额 60 余人。李还上奏朝廷，请求颁发书籍，以备生徒肄业所需。

旋由国子监发给该书院诸经释文、义疏以及《史记》、《玉篇》、《唐韵》等。大中祥符五年（1012年），周式任书院山长时，书院再次扩建。大中祥符八年（1015年），周式曾受到宋真宗的召见，被授国子监主簿，仍回书院任教。真宗还给该书院颁赐了"岳麓书院"匾额，并增赐宫内藏书。该书院由此而名闻天下。

白鹿洞书院 在星子县庐山白鹿洞。宋初，在原南唐庐山国学的旧址建立了白鹿洞书院。宋太宗太平兴国二年（977年），周述任江州知州时，朝廷批准他的请求，命国子监发给该书院印本《九经》。太平兴国五年，朝廷又任命该书院的洞主明起为褒信县主簿。咸平五年（1002年），朝廷下令对该书院进行修缮，并塑孔子及其弟子像。大中祥符初，直史馆孙冕（新淦人）请求归隐养老于白鹿洞。他的这一请求受到朝廷的允准，但他还没有到白鹿洞便去世了。宋仁宗皇祐五年（1053年），孙冕的儿子、比部郎中孙琛继承父亲的遗志，在白鹿洞增建学舍10余间，以教育子弟，并为四方来学者提供食宿，起名为"白鹿洞之书堂"。

睢阳书院 即应天府书院，在应天府（今河南商丘）。北宋的应天，旧名睢阳，故又称睢阳书院。原为名儒戚同文讲学的所在。戚同文，字文约，宋州楚丘（今山东曹县东南）人，生于唐天祐元年（904年）。他曾从当地人杨愨受业，读书十分刻苦。当时正值后晋末年，天下大乱，他无意踏入仕途，渴望国家统一，所以以"同文"为名。杨愨去世以后，他受到将军赵直的礼遇。赵直为他修建学舍，招收生徒，慕名前来向他求学的人，有的来自千里以外。其中如许骧、郭成范等，后来都成了知名人物。戚同文于太平兴国元年（976年）去世，终年73岁。其门人称他为正素先生。宋真宗大中祥符二年（1009年），应天府民曹诚在戚同文旧居旁营建学舍150间，聚书1500余卷，招收生徒，进行讲学。地方官将此事上奏朝廷，真宗赐以"应天府书院"的匾额，命戚同文之孙戚舜宾主持教务，而命曹诚署理府助教。宋仁宗景祐二年（1035年），以该书院为府学，并拨给学田1000亩。

嵩阳书院　在登封市太室山下，始建于五代后周，原名太乙书院。至道二年（996年），宋太宗赐以"太室书院"匾额和印本《九经》。当时，生徒有数百人之多。真宗大中祥符三年（1010年），再次赐以《九经》。仁宗景祐二年，下令重修，更名为嵩阳书院，并设置院长，赐给学田100亩。

石鼓书院　在衡州（今湖南衡阳）石鼓山，原为寻真观。唐元和（806～820年）间，士人李宽（一作李宽中）曾在此读书，创设书院。宋太宗至道三年，当地人李士真在李宽书院遗址重建书院，以接待来学者。仁宗景祐二年，由于郡守刘沆的请求，该书院得到朝廷所赐的匾额，并被赐给学田500亩。

茅山书院　在金坛县茅山。宋真宗时，处士侯遗（字仲逸）创建（一说创建于天圣间），教授生徒，并供给饮食。天圣二年（1024年），经江宁知府王随奏请，朝廷赐田300亩，以作为该书院的经费来源。

除了以上六所声名尤著的书院以外，宋初还有几所著名书院。

一是今江西北部地区有三所以家族化为共同特色的著名书院，即东佳书堂与华林、雷塘书院。

东佳书堂　前文已提到，这里所要补充说明的是，从宋灭南唐到淳化元年（990 年），德安陈氏曾先后 3 次分别受到宋王朝免除徭役、杂税以及由地方政府每年贷粟二千石的优待，这自然有利于东佳书堂的发展。

华林书院　在奉新县华林山玄秀峰下，又名胡氏书堂、华林山斋。始建于五代，原为胡氏家塾，到淳化（990~994 年）间，已发展为一所拥有藏书万卷的较大书院。在该书院肄业的既有胡氏本族的子弟，也有来自远方的求学者。该书院为生徒供应饮食，书院中一年四季讨论讲习不断，造就了不少人才。

雷塘书院　在建昌县（今江西永修西北）雷塘（一名雷湖）之北，又名雷湖书院，系宋初洪文抚所创。洪氏是建昌的一个大家族，到洪文抚这一代已是六世聚居。洪文抚创设的这所书院，虽然主要供本族子弟肄业，但也同样接纳外地前来求学的士子。

二是当时的兖州奉符县（今山东泰安东南）还有两所著名书院，这就是泰山书院与前面已提到的徂徕书院。泰山书院在泰山脚下，系著名学者孙复（992~1057 年）所创。该书院建有学舍、讲堂，并富有藏书。徂徕书院在徂徕山西北麓，系著名学者石介（1005~1045 年）所创。

宋代初期，除了在今属湖南、江西、河南、江苏、山东诸省有以上 11 所著名书院外，在今属河北、福建、广东、山东、江西、湖南、陕西诸省还有一些书院，如元氏的中溪书院、古田的溪山书院、英州（今广东英德）的涵浑谷书院、分宁（今江西修水）的芝（一作兰）台书院与樱桃书院、湘阴的笙竹书院等。

从以上对有关宋初著名书院的叙述中可以看出，这些书院具有如下一些特点。

第一，这些书院多半始建于唐末五代，而且大多数原为个人读书、治学或讲习之所以及家族所立的私塾。宋初，这些书院大多不同程度地得到过官方的关注。岳麓、白鹿洞、睢阳、嵩阳、石鼓、茅山六所声名尤著的书院，更是无一不曾得到过官方的资助（其中，有的后来还直接被变为官办的府学）。

第二，这些书院大多建于名山胜地等僻静地区。这既是唐代士人隐居读书的流风余韵所使然，也同唐代末年以后战乱相仍，士人为躲避战乱，只好遁迹山林有关；此外还同自魏、晋以来，佛寺禅舍常建于山林名胜之区的禅林制度的影响不无关系。

第三，这些书院中，除了有作为教学活动的讲习以外，有的已有了供祀的活动。而且，这些书院还大都有藏书。这就表明，从总体上看，后来所谓的书院"三大事业"，即讲学、供祀与藏书，在宋初已经初步形成。在这方面，岳麓书院是最典型的。它不仅建有供讲习所用的讲堂，供藏书所用的书楼，还设像供祀孔子及其弟子诸"先贤"。这就表明，后来所谓的书院"三大事业"在宋初的岳麓书院中已经粗具。

第四，这些书院多数都有学田，以作为书院的主要经费来源。

第五，这些书院的主持人，有的已有了专门的称谓，如"山长"、"院长"、"洞主"等（唐代已有"山长"之称。五代时，蒋维东隐居衡山，也曾被受业者称为"山长"）。

宋初著名书院的以上特点，对后来的书院建设产生了广泛的影响。特别是其中曾分别名列"四大书院"的岳麓、白鹿洞、睢阳、嵩阳、石鼓、茅山六所书院，由于曾得到宋王朝的赐额以及赐书、赐田等，更是声名远播，被后来热心于书院建设的人们奉为圭臬。

当然也应看到，宋初著名书院在书院"三大事业"的发展方面是很不均衡的，像岳麓书院那样兼具"三大事业"的书院在当时还是个别的。另外，宋初大多数著名书院规模都不大，书院的组织机构也较为简单，并且也还没有形成完备的制度。

庆历以后的三次兴学与书院状况

书院在北宋初虽曾一度勃兴，出现了一些较著名者，但自庆历（1041～1048 年）以后，书院的发展在总体上却处于不景气的状况。造成如此变化的主要原因是，这一时期，宋朝政府大力推进官学的发展，对书院不再予以表彰。当然，宋朝政府之所以重视官学的发展，也不是偶然的。

宋初，朝廷从建立和加强中央集权统治的需要出发，曾极力提倡科举，以招揽人才。这主要表现在以下两点：一是宋初比唐朝大大增加了科举的录取名额。唐朝科举每次录取的人数，少的仅几人，多的也不过数十人（从未超过 50 人）。唐代，登进士科的总数为 3000 余人，而宋太宗太平兴国二年，一次就取录 500 余人，仁宗一朝所取进士就达 4570 人。二是宋初统治者还提高了进士及第者的待遇，使之成为选拔名公巨卿的主要渠道，以致"登上第者不数年，辄赫然显贵"（《宋史·选举志一》）。宋初统治者的这种政策，一方面对巩固宋王朝的封建统治起到了一定作用，但另一方面也在士子中造成了一种希图侥幸获得名利而不务实学的风气。一些有识之士相继起而指陈科举制度的弊端，主张兴学育才。庆历以后，宋朝政府之所以重视官学的发展，正是同这一形势密切相关的。

这一时期，宋朝曾三次兴办官学。

第一次兴学始于仁宗庆历四年（1044 年）三月，由当时任参知政事的范仲淹（989～1052 年）发起。其主要内容：一是下令各州、军、监（宋代军、监和府为与州同级的地方行政区划，不常设）设立学校，有士子 200 人以上的县也设县学，均置教授。二是改革科举，规定士子必须上学 300 日，才能参加科举考试，以往应过试的，也须在校百日，并规定科举考试先策，次论，次诗赋，而罢帖经、墨义。三是创设太学，并下诏以胡瑗（993～1059 年）在苏州、湖州的教学法教太学。

这里有必要对胡瑗其人略作交代。胡瑗，字翼之，学者称安定先生，海陵（今江苏泰州）人。他曾以经术教授吴中，被范仲淹聘为苏州教授；又曾受聘以保宁节度推官教授于湖州。皇祐（1049～1054年）中，任国子监直讲，后升太子中允、天章阁侍讲，著有《春秋口义》、《周易口义》等。他在苏州、湖州教学时，创立了著名的"苏湖教法"，一改当时只重辞赋的风尚，"以明体达用之学授诸生"（《宋元学案》卷一），重视经义与实学。他在学校中分设"经义"、"治事"二斋，因材施教。经义斋学习六经；治事斋学习政治、军事、水利、历算等，要求生徒各以学习某一专业为主，同时兼学另一专业。庆历兴学中，将胡瑗的"苏湖教法"定为太学的教学法，表现出这次兴学力图在太学教育中贯彻"明体达用"的精神，以培养学生实际才能的意向，是这次兴学对教育进行改革的重要体现。

不过，庆历兴学为时甚短。伴随着范仲淹被免除参知政事，离京外任，庆历四年的冬天，朝廷便下令废除了科举改革。庆历兴学就此告终。

第二次兴学是在神宗熙宁（1068～1077年）、元丰（1078～1084年）间，由王安石（1021～1085年）发起。王安石，字介甫，号半山，临川（今江西抚州）人，庆历进士。他在熙宁二年（1069年）至熙宁九年（1076年）间，曾两次为相。在此期间，他曾发起了一场历史上十分著名的变法运动。在他第二次罢相后，变法基本上仍在继续推行，一直延续到元丰八年（1085年）神宗去世，前后历时16年，而兴学便是这场历时16年的变法运动的一个重要侧面。

熙宁、元丰兴学的主要内容：一是整顿太学，创立太学"三舍法"。所谓太学"三舍法"，是将太学生分为上舍、内舍、外舍3等。刚入学者为外舍生，初不限名额，后定额700人，元丰时增为2000人；外舍生经过考试，成绩达到第一、第二等的，一年可升内舍生，名额为200人，元丰时增为300人；内舍生经过考试，成绩达到优、平二等的，两年可升上舍生，名额为百人；上舍生经过考试分为3等，上舍上等者直接授以官职，无须参加科举考试。实行这一改革，使太学兼具教育与取士两种职能，而不再仅仅是一种养士的场所。与此同时，还扩大了太学的规模。二是整顿地方学校，并设立和整顿专门学校。对地方学校，于熙宁四年至六年（1071～1073年）间，在诸路均置学官，并对各州学分别拨给学田十顷。在专门学校方面，先后设置武学、律学、蓄学等，并为原属太常寺的医学设置提举判局官及教授1人，学生定员300人，分设方脉、针、疡三科。三是改革科举考试办法。于熙宁四年取消诗赋与明经诸科，以经义、论、策作为进士科考试的内容，以使士子从注重辞赋之学转而注重经术与世事；同时还增加了进士科的名额。四是颁定《三经新义》。熙宁六年，设经义局，训释《诗》、《书》、《周礼》。熙宁八年（1075年），此项工作完成，合称《三经新义》，颁赐太学与各州府学，以作为生徒的教材与科举考试的依据。

熙宁、元丰兴学虽然历时远比庆历兴学为长，但随着神宗的去世与高太后的当政（其时哲宗年幼），这次兴学也中途夭折。

第三次兴学发端于徽宗崇宁（1102～1106 年）间，是在蔡京（1047～1126 年）为相时发起的。当时，宋徽宗有意于恢复熙宁、元丰时的改革举措，在兴学方面采取了以下主要措施：一是兴办地方学校。崇宁元年（1102 年），颁诏命天下兴学，州县均设置小学。二是扩大太学规模。于开封南门外创设辟雍，又名"外学"，专处外舍生，而以太学专处上舍、内舍生。太学生的名额增加到 3800 人。三是下令将"三舍法"推广于天下。县学生经考选可升入州学，各州学生每 3 年贡入太学一次，为太学生，并废除科举制度。四是增设专门学校，于崇宁三年（1104 年）设置算学、书学与画学。

发端于崇宁间的这次兴学，一直延续到徽宗宣和初年。宣和三年（1121 年），朝廷下诏恢复科举取士，除太学仍用"三舍法"外，州县一概终止实行"三舍法"。自崇宁以来的兴学运动就此终结。

北宋庆历以后的三次兴学虽然都未能持续下去，但这三次兴学在促进宋朝中央与地方官学的发展方面，成就还是很大的。而官学的蓬勃发展以及在三次兴学中一再强化的入学与入仕之间的联系，势必将读书士子的注意力从书院引向官学。在这种情况下，宋代初期所建的一些书院渐受冷落，自然是不可避免的。于是，原有的著名书院有的荒废了，有的则与官学合而为一了。

需要说明的是，北宋庆历以后，虽然一些著名书院大都渐趋沉寂，但书院的发展也并非停滞不前。事实上，这一时期，在今属安徽、浙江、江西、湖南、福建、江苏、山西、四川诸省的地区，仍曾有新的书院建立，如皇祐间欧阳修（1007～1072 年）在颍州（今安徽阜阳）所建的西湖书院，熙宁间詹安在遂安（今浙江淳安）所建的瀛山书院，大观（1107～1110 年）间周行己（1067～？）在永嘉所建的浮沚书院，政和（1111～1118 年）间杨时（1053～1135 年）在无锡所建的东林书院等。此外，还有邓符在东莞岑田（今香港新界锦田）所建的力瀛书院，以及约于这一时期末，在今属海南省的琼山所建的东坡书院。不过，这类书院在当时影响都不大。所以，这类书院的出现，并不能从根本上改变庆历以后书院发展在总体上不景气的状况。

北宋书院的著名师生

北宋时期，书院的著名讲学者或主持人有孙复、石介、李觏（1009～1059 年）、周敦颐（1017～1073 年）、曾巩（1019～1083 年）、程颢（1032～1085 年）、程颐（1033～1107 年）、杨时等。

孙复，字明复，学者称泰山先生，又称富春先生，晋州平阳（今山西临汾）人。他曾先后 4 次参加进士考试，都没有被录取，于是在泰山的凌汉峰下居住下来，研治《春秋》，并聚徒讲学于泰山书院。后来由于范仲淹与富弼（1004～1083 年）的推荐，入朝为官。

曾任国子监直讲、迩英殿祗侯说书、殿中丞等。著作有《春秋尊王发微》、《孙明复小集》。

石介，字守道，学者称徂徕先生，奉符人。曾在泰山书院从孙复问学并一同讲学。天圣进士。曾任郓州、南京推官和国子监直讲等职。因父母去世而回乡服丧，讲学于徂徕书院，以《易》教授生徒。他与胡瑗、孙复并称"宋初三先生"，是宋朝理学的先驱。著有《易解》、《徂徕集》等。

李觏，字泰来，学者称盱江先生，南城人。善于讲说六经，尤精于《礼》。他曾讲学于由他所创立的盱江书院。皇祐初，被范仲淹等荐举为试太学助教，后曾任太学说书。著作有《盱江文集》。

周敦颐，原名敦实，字茂叔，学者称濂溪先生，道州营道（今湖南道县）人。历任分宁主簿、南安军司理参军、桂阳令、广南东路转运判官等。生平精于《易》学。曾在分宁与萍乡卢溪镇创立书院，以教授生徒，从学者甚众。官南安时，程颢、程颐兄弟曾一同从他受业。他被公认为宋朝理学的开山。著作有《太极图说》、《通书》等。

曾巩，字子固，南丰人。从李觏受学于南城盱江书院。嘉祐进士。历任太平州司法参军、越州通判、中书舍人等。工于文，系"唐宋八大家"之一。曾讲学于由他在抚州香楠峰所建的兴鲁书院。著作有《元丰类稿》。

程颢，字伯厚，学者称明道先生，洛阳人。嘉祐进士。历任鄠县主簿、晋城令、太子中允等。他以

"理"为哲学的最高范畴，把"仁"解释为与天地万物浑然合为一体的境界，认为学者的首要任务就是认识"仁"，并用内心体认的"诚敬"工夫加以保存，以达到"仁"的境界。他曾讲学于嵩阳书院。著作被后人编入《二程全书》。

程颐，字正叔，学者称伊川先生，洛阳人。初任太学学职，后任秘书省校书郎、崇政殿说书等。他认为"理"是世界万物的本原，将《大学》"格物致知"的"格物"解释为"穷理"，强调"穷理"即体认"天理"，并重知轻行。在人性论方面，认为体现"天理"的"性"无有不善，但"才"（又称"气质之性"）有善恶；"才"所禀的"气"有清浊，气清则才善，气浊则才恶。在修养方面则强调"主敬"，主张灭"私欲"以明"天理"，并为维护封建纲常伦理，提出"饿死事极小，失节事极大"（《河南程氏遗书》卷二十二下）。他也曾讲学于嵩阳书院。与其兄程颢同为宋明理学的奠基人，并称"二程"。由他们所开创的学派被称为"洛学"。著作被后人编入《二程全书》。

杨时，字中立，世称龟山先生，将乐人。熙宁进士。先后师事程颢、程颐。由浏阳令历官至龙图阁直学士。政和元年（1111 年）至南宋建炎三年（1129 年）间，曾在无锡东林书院讲学。著有《龟山集》。

北宋时期，曾在书院肄业的著名人物除了上面提到的石介、曾巩以外，还有范仲淹、宋庠（996～1066 年）、宋祁（998～1061 年）、郑獬（1022～1072 年）等。

范仲淹，字希文，吴县人。曾就学于应天府书院，学习异常努力。大中祥符进士。由广德军司理参军历官至参知政事。罢政后，出知邠州、杭州等。通六经，长于《易》，能诗文，词作善写边疆生活。所作《岳阳楼记》中"先天下之忧而忧，后天下之乐而乐"的名句，为千古传诵。著作有《范文正公集》。

宋庠，原名郊，字公序，安陆人，后徙雍丘（今河南杞县）。曾就学于分宁的芝台书院与樱桃书院。天圣初，举进士第一。历任大理评事、知制诰、参知政事、枢密使等。著作有《宋元宪集》、《国语补音》等。

宋祁，字子京，安陆人，后徙雍丘。宋庠之弟，曾就学于分宁的芝台书院与樱桃书院。天圣初，与宋庠同时举进士，人称"二宋"。历任复州军事推官、翰林学士、工部尚书等。与宋庠均有文名，因所写《玉楼春》词有"红杏枝头春意闹"的名句，被人称为"红杏尚书"。他曾预修《新唐书》，撰成其中的列传稿150卷。个人著作有《宋景文集》等。

郑獬，字毅夫，安陆人。曾就学于湘阴的笙竹书院。皇祐时，举进士第一。初通判陈州，后任度支判官、知制诰、翰林学士等。工诗能词，著有《郧溪集》。

四 南宋的书院

南宋书院的发展概况

靖康二年（1127 年）二月，宋徽宗、钦宗二帝被金军所废，北宋王朝灭亡。同年五月，康王赵构（1107 ~ 1187 年）即帝位于应天府，改元建炎（1127 ~ 1130 年），是为宋高宗。后南迁，于绍兴八年（1138 年）定都临安（今浙江杭州），史称南宋。

南宋时是宋代书院的大发展时期。这一时期，在今属江西、浙江、福建、湖南、四川、广东、安徽、广西、江苏、湖北、贵州、上海、重庆的地区都有新的书院建立。其中，书院建立较多的是今属江西、浙江、福建与湖南等地区。

南宋时，书院的发展还突破了以往仅限于汉族居住区的局限。例如，在当时少数民族聚居的黎州（今四川汉源北），就曾建立过一所玉渊书院。

南宋时书院的发展，以"嘉定更化"为界，可以划分为前后两个阶段。

第一阶段是指南宋建炎至开禧（1127 ~ 1207 年）

间。南宋建立之初，由于同金军的战事不断，政府无暇顾及教育事业，到绍兴十三年（1143 年），才因"兵事稍宁"，而于临安建立太学。一年以后，又下诏命各州县立学。从形式上看，此后南宋地方的州县学也渐次恢复或建立了起来，但实际上南宋的太学与州县学都是徒具虚名的，已完全沦为科举制度的附庸。进入这类学校读书的士子，大都只是为了谋取功名利禄，而真心求学的人则对之不屑一顾。与此同时，由于南宋国力衰弱，就是那些徒具虚名的州县学也常因经费支绌而时办时辍。

正是在这种情况下，适应于读书士子的求学需要，书院又再度兴起。下列书院便是在南宋"嘉定更化"以前，即建炎至开禧间建立的。

钓鳌书院　在博罗。绍兴（1131～1162 年）间，罗从彦（1072～1135 年）建。

碧泉书院　在湘潭。绍兴间，胡安国（1074～1138 年）建。

龙光书院　在丰城。绍兴间，当地人陈自俛建。

石洞书院　在东阳。绍兴间，郭钦止建。

道山书院　在宁乡。绍兴间，胡宏（1105～1161 年）建。

巽崖书院　在丹棱。绍兴间，李焘（1115～1184 年）建。

城南书院　在善化。绍兴三十一年（1161 年），张栻（1133～1180 年）随父亲张浚（1097～1164 年）在潭州居住时所建。

寒泉精舍　在建阳。乾道（1165～1173 年）间，朱熹（1130～1200 年）建。

龙门书院　在汇安。乾道间，当地士人吕伯佐建。

武夷精舍　在崇安。淳熙十年（1183 年），朱熹创建。后称武夷书院，又称紫阳书院。

应天山精舍　在贵溪应天山。又名应天山书院。淳熙十四年（1187 年），彭兴宗建。次年改名象山精舍。后于绍定（1228～1233 年）间改建于三峰山下，理宗赐以"象山书院"的匾额。

修江书院　在南康（治今江西星子）。淳熙（1174～1189 年）间，朱熹知南康军时，其门人李燔等所建。

城南书院　在常州。淳熙间，杨万里（1127～1206 年）知常州时所建。

长春书院　在归安（今浙江湖州）。淳熙间，宣教郎朱弁（？～1144 年）建。

凤岗书院　在沙县。淳熙间，当地人黄显建。

竹林精舍　在建阳。绍熙五年（1194 年），朱熹建。后更名沧州精舍。淳祐（1241～1252 年）间，定名考亭书院。

鹤山书院　在泸州。开禧间，知州魏了翁（1178～1237 年）建。

此外还有吕祖谦在婺州金华（今属浙江）所建的丽泽书院、陈亮（1143～1194 年）在婺州永康（今属浙江）所建的龙川书院等。

这一时期，除新建了一批书院外，旧有书院如岳麓书院、白鹿洞书院等也相继兴复。

岳麓书院 在南宋初年的战乱中，该书院于绍兴元年（1131 年）曾被兵火所毁。乾道元年（1165 年），湖南安抚使刘珙着手进行重建。淳熙末，湖南安抚使潘畤对该书院再次进行了修葺。绍熙五年，朱熹知潭州兼荆湖南路安抚使，又亲自策划修复，使之面貌一新。

白鹿洞书院 在北宋庆历兴学以后逐渐荒废。淳熙六年（1179 年），朱熹在就任知南康军的当年，就曾到书院废址察看，并随即向尚书省及礼部申明情况，着手进行重建，次年三月初步建成。接着，又向朝廷申请颁赐《九经注疏》等书与"白鹿洞书院"匾额（后来得到允准）。淳熙八年（1181 年），朱熹在升任浙东提举后，又曾拨钱 30 万给新任知军钱闻诗，以作为建造礼殿、两庑和塑像的费用。在朱熹的努力下，白鹿洞书院重又振兴。

这里有必要着重说明的是，在这一时期书院的创建与兴复过程中，理学家们起了重要的作用。就拿罗从彦、胡安国、胡宏、张栻、朱熹、魏了翁、吕祖谦诸人来说，便都是著名的理学家。此外，郭钦止与彭兴宗也分别是著名理学家张九成（1092～1159 年，杨时门人）与陆九渊（1139～1192 年）的门人。而这一时期，一些著名理学家及其门人之所以热心于创建或兴复书院，也绝非偶然。

理学，又称道学，兴起并初步发展于北宋。北宋时期的著名理学家有周敦颐、张载（1020～1077 年）、程颢、程颐、谢良佐（1050～1103年）、尹焞（1071～1139年）、杨时、游酢（1053～1123年）诸人。其中，周敦颐、杨时都曾创立书院并讲学其中，二程也曾讲学于书院，而杨时在书院的讲学活动还一直延续到南宋初年。在南宋建炎至开禧这一时期里，理学又有了进一步的发展，突出地表现在出现了像朱熹这样的程朱派理学思想的集大成者，像张栻这样的湖湘学派的代表人物，像陆九渊这样的心学派的大家，以及像吕祖谦这样的浙东金华学派的代表人物。但是在这一时期，总的来看，理学的发展却并不顺利。如果把这一时期再划分为3个小的阶段，即以高宗建炎、绍兴间为开始阶段，以孝宗隆兴间至光宗绍熙间为中间阶段，以宁宗庆元以后为末尾阶段，那么历史的事实是：在其开始阶段，程学曾同王（安石）学一样遭禁；在其末尾阶段的庆元元年（1195年）至嘉泰二年（1202年），由于掌握朝政的韩侂胄（1151～1207年）一手制造了"庆元党禁"，以朱学为代表的理学更被视为"伪学"，受到严厉的诋诽；其中间阶段，虽然学禁有所松懈，但理学也并没有得到朝廷的重视。在这种情况下，当时的各派著名理学家及其门人，只好以书院作为研究与传播理学的重要基地。这就是他们热衷于创建与兴复书院的原因所在。由此，在北宋时期就已发端的理学家创建书院的传统，在这一时期进一步发扬了。

第二个阶段是指南宋"嘉定更化"以后。开禧三年（1207年），韩侂胄被史弥远（1164～1233年）等所杀。次年，宁宗改元嘉定（1208～1224 年），南宋朝政落入史弥远的手中。史弥远执政后，不仅为在开禧二年（1206 年）曾被追夺王爵与改谥的秦桧（1090～1155 年）重又恢复王爵并赠谥，而且与金签订了嘉定和议，史称"嘉定更化"。

为了笼络人心，巩固自己的统治地位，史弥远在执政期间，还将因"庆元党禁"而遭放逐的官员重又召回朝廷，对理学大师朱熹赠谥封爵。理学家周敦颐、张载、程颢、程颐、张栻、陆九渊等也都被赐以谥号。一些理学家的子孙也得到录用。理学的地位由此得以提高。

绍定六年（1233 年）理宗亲政后，进一步推崇理学。嘉熙元年（1237 年），朝廷下诏命国子监刊印朱熹的《资治通鉴纲目》。淳祐元年（1241 年），周敦颐、张载、程颢、程颐均被封爵，朝廷还下诏学宫，以他们 4 人与朱熹一同从祀孔子。诏旨中还褒扬周、张、二程上承据说自孟子以后便"不得其传"的"孔子之道"，并赞颂朱熹使"孔子之道"更加"大明于世"。这是从官方角度，对周、张、二程与朱熹在儒学发展史上的地位所作的明确肯定，标志着理学从此确立了在思想领域的统治地位。

显而易见，伴随着理学地位的提高及其占据思想领域的统治地位，被理学家们视为研究与传播理学重要基地的书院的发展，自然也会受到促进。与此同时，南宋王朝还一再向书院颁赐匾额，以示提倡，这也同样会使书院的发展受到促进。另外，当时雕版印刷业的兴盛，也为书院丰富藏书提供了物质条件。由于这些原因，这一时期，书院愈发蓬勃地发展起来，成为南宋书院发展的鼎盛期，又创建了一批书院，如：建于宁宗嘉定间的沙县谏议书院、建阳云庄书院、泉州石井书院、全州清湘书院、宜州（今广西宜山）龙溪书院、营道濂溪书院、涪州（今重庆涪陵）北岩书院、缙云独峰书院、安仁清溪书院、南剑州（今福建南平）延平书院；建于理宗绍定（1228～1233年）间的严州（今浙江建德东北）钓台书院、金溪槐堂书院；建于理宗端平（1234～1236年）间的长洲（今江苏苏州）和靖书院、袁州（今江西宜春）南轩书院；建于理宗嘉熙（1237～1240年）间的缙云美化书院、丹徒淮海书院、德清东莱书院；建于理宗淳祐间的余干忠定书院、太平州（今安徽当涂）天门书院、抚州临汝书院、上犹太傅书院、上元（今江苏南京）明道书院、吉州（今江西吉安）白鹭洲书院、德清履斋书院、公安竹林书院（又名公安书院）、江陵南阳书院；建于理宗宝祐（1253～1258年）间的丹徒濂溪书院、黄州（今湖北黄冈）河东书院；建于理宗景定（1260～1264年）间的临桂宣城书院、嘉兴宣公书院、太平州丹阳书院；建于度宗咸淳（1265～1274年）间的将乐龟山书院、衢州清献书院、松阳（今浙江遂昌东南）明善书院、慈溪（今浙江宁波西北）慈湖书院；还有铅山鹅湖书院、玉山怀玉书院等。

这一时期的书院发展具有以下3个特点：

第一，新建的书院，就其创建者而论，虽然既有民办的，也有官办的，但官办书院的数量明显地增加了。当然，就整个宋代的书院建设来看，民力起主要作用，官力则只占次要地位。

第二，涌现出一批建于历史名人居住或从事读书、写作、讲学等活动之处的书院。如沙县谏议书院、建阳云庄书院、宜州龙溪书院、营道濂溪书院、德清履斋书院、衢州清献书院、慈溪慈湖书院，原就分别为陈瓘（？～1124年）、刘爚（1144～1216年）、黄庭坚（1045～1105年）、周敦颐、吴潜（1196～1262年）、赵抃（1008～1084年）、杨简（1141～1226年）的居住之处；全州清湘书院、安仁清溪书院、长洲和靖书院、丹徒濂溪书院原就分别为柳开（947～1000年）、周必大（1126～1204年）、尹焞、周敦颐的读书之处；涪州北岩书院原为程颐注《易》之处；严州钓台书院原为严光的耕钓之处；缙云美化书院、余干忠定书院、松阳明善书院、铅山鹅湖书院、玉山怀玉书院原均为朱熹本人或朱熹与他人一同讲学之处；上元明道书院系因程颢曾任上元县主簿而建；吉州白鹭洲书院系因程大中曾任庐陵尉（庐陵为吉州治所）所建；缙云独峰书院、抚州临汝书院，则是因朱熹曾到过这两处地方而建。虽然这类书院还在北宋初期就已出现，但那时为数还很少，远不能同这一时期相比。而且，这一时期有些书院还直接是在名人祠堂的基础上增建而成的。如金溪槐堂书院、黄州河东书院就分别是在原二陆（陆九龄、陆九渊）祠、二程祠基础上增建而成的。所有这些都表明，书院纪念历史人物的作用，在这一时期显著地加强了。

第三，理宗嘉熙以后，出现了一种专供收容因躲避战乱而流亡到南宋境内的读书士子肄业的书院。上面提到的丹徒淮海书院、公安竹林书院与江陵南阳书院就属于这一类型。其中，淮海书院接纳流寓于丹徒的淮水流域的士子，竹林书院接纳流寓于公安的四川士子，南阳书院接纳流寓于江陵的襄阳士子。这都反映出，南宋后期，蒙古军队的南侵对于书院发展所产生的影响。

南宋书院的著名师生

在南宋时期的书院发展史上，朱熹是一位有着特殊历史地位的人物。他不仅积极参与了书院的创建与兴复，而且是这一时期最著名的书院教育家。他在书院事业方面所做出的不懈努力，对于南宋乃至以后书院的发展起了十分重要的作用。

朱熹，字元晦，一字仲晦，号晦庵，又号晦翁、云谷老人等，徽州婺源（今属江西）人。出生于南剑州的尤溪县，曾先后侨居于崇安武夷山与建阳的考亭。绍兴十八年（1148 年）中进士，初任同安县主簿。孝宗淳熙五年（1178 年）被命知南康军。淳熙八年，改任提举浙东常平茶盐公事。光宗绍熙间，先后被命知漳州、知潭州兼荆湖南路安抚使与任焕章阁待制兼侍讲。宁宗庆元二年（1196 年）罢官。后病逝于建阳考亭。

朱熹的父亲朱松（1097～1143 年）是二程再传弟

子罗从彦的学生。在这样的家庭环境中，朱熹自幼便受到二程思想的熏染。父亲去世后，朱熹曾问学于父亲的友人刘子翚（1101～1147年）、刘勉之（1089～1149年）与胡宪（1084～1162年）。绍兴二十三年（1153年）以后，他又以父亲的同门友人李侗（1093～1163年）为师，得以领悟到二程思想的真谛。在此基础上，他广收博采，集北宋以来理学思想之大成，建立了一个完整的客观唯心主义理学体系。他认为"理"（又称"天理"、"太极"）是宇宙的根源，未有天地，先有此"理"，"理"先"气"后；万物各有其理，其理皆为"天理"的体现（即所谓"理一分殊"）；"性"分"义理之性"（又称"天地之性"、"天命之性"）与"气质之性"，前者为人性所固有的"天理"，纯粹至善，后者则为"理与气杂"（《朱子语类》卷四），人因所禀赋的"气质"清浊不同而有善有不善。他还提出"知先行后"说；强调"天理"与"人欲"的对立，以"三纲五常"为"天理"的体现，认为夏、商、周三代是"天理"流行的"王道"政治，三代以后的秦、汉至唐则是"道统"中断、"人欲"横流的"霸道"政治，主张"存天理，去人欲"，恢复三代"王道"之治；并提倡"格物致知"以"穷理"，即通过"格物"去体认"天理"，强调为学之道以"穷理"为先，而"穷理"又须"居敬"，即使身心时常保持一种"如有所畏"（同上书卷十二）的状态。他生平博览群书，举凡经史、诸子、佛道、天文、地理等方面的学问，无不予以探究，是一位大学问家。

由他所创立的学派被称为"闽学"或考亭学派。其著作有《四书章句集注》、《周易本义》、《诗集传》、《伊洛渊源录》、《资治通鉴纲目》、《参同契考异》、《楚辞集注》，以及后人编纂的《朱文公文集》、《朱子语类》等。

朱熹进士及第后的 50 余年中，从政的时间加起来不过 10 年多一点时间，在朝中做官仅 40 天。他一生主要从事的活动是教育与学术。朱熹所从事的教育活动，虽然并不限于书院教育，但事实上，只有书院教育才是朱熹所从事的一项最重要的教育实践活动。朱熹之所以重视书院教育，一方面是因为在他所生活的时代，理学尚不为当权者所认可，只好通过书院来传播；另一方面也是因为他对当时已沦为科举制度附庸的官学深为不满。他曾尖锐批评当时官学的弊端，指出：在这种学校中，无论教师所教的还是士子所学的，都是忘本逐末、唯利是图的一套，至于有关"修身、齐家、治国、平天下"的道理，则全然被他们抛在了一边，这就势必造成"人才日衰"（《朱文公文集·静江府学记》）的局面。从这里可以看出，官学教育的腐败，也是促使朱熹重视书院教育的原因之一。

朱熹一生曾在多所书院从事过教育活动。乾道三年（1167 年），他在出游长沙，拜访张栻时，曾讲学于城南书院与岳麓书院；淳熙七年（1180 年），他在重建白鹿洞书院初步告成后，也曾一再到该书院讲学或回答生徒的质疑问难，"诲诱不倦"（王懋竑《朱子年谱》卷二上）；绍熙五年，他在策划修复岳麓书院的同时，曾重到该书院讲学；"庆元党禁"期间，他一度避地古田时，还曾讲学于当地的溪山书院与螺峰书院。在长期闲居于崇安与建阳两地时，他则主要讲学于由他一手创建的寒泉精舍、武夷精舍与竹林精舍。此外，他还曾讲学、授徒于东阳的石洞书院与建阳的瑞樟书院等处。

在朱熹的书院教育活动中，最引人注目的当推他在白鹿洞书院所从事的教育活动。这主要是因为，在这所书院里，他除了亲自讲学以外，还为该书院制定了一份学规，即著名的《白鹿洞书院揭示》（又称《白鹿洞书院学规》或《白鹿洞书院教条》）。在这份学规中，朱熹明确地指出书院的教育宗旨是进行关于"父子有亲，君臣有义，夫妇有别，长幼有序，朋友有信"的"五伦"教育，明确规定了书院生徒的为学顺序，包括"博学"、"审问"、"慎思"、"明辨"、"笃行"5个步骤，并指出"笃行"包括"修身"、"处事"、"接物"3项。"修身"的要点是"言忠信，行笃敬；惩忿窒欲，迁善改过"。"处事"的要点是"正其义不谋其利；明其道不计其功"。"接物"的要点是"己所不欲，勿施于人；行有不得，反求诸己"。值得注意的是，在谈到为学顺序时，朱熹还强调指出："学"、"问"、"思"、"辨"这4个步骤都是为了"穷理"，而他所说的"穷理"，联系他的"天理"观来看，实际上是指穷究和体认"天理"，亦即"五伦"之"理"。因此，他所说的第5个步骤——"行"，自然是指对"天理"亦即"五伦"的践履了。从这里可以看出《白鹿洞书院揭示》是一个鲜明地体现了程朱派理学教育思想，旨在维护封建纲常伦理的学规。同时也应看到，在这一学规中所体现出的把道德教育置于学校教育首位的精神，则是与当时官学中所充斥的那种只知追逐功名利禄的腐败风气相对立的。而且，这一学规中所体现出的重视学思结合、知行统一的精神，也是符合教育规律的。

朱熹在长期从事书院教学等教育工作的过程中，曾提出过不少有价值的教学原则与方法，除了在《白鹿洞书院揭示》中有所体现的学思结合、知行统一以外，还有重视教育学生立志与启发式教学、博专结合等。朱熹还主张以15岁为界，将学校教育划分为小学教育与大学教育两个阶段，并曾提出过一套被称为"朱子读书法"的读书方法（即其门人所辑录的"循序渐进"、"熟读精思"、"虚心涵泳"、"切己体察"、"著紧用力"、"居敬持志"6条），以指导生徒的读书学习，其中也分别蕴含着一些有价值的教学经验与读书经验。朱熹除了曾在白鹿洞书院实施其《白鹿洞书院揭示》外，还在以后知潭州时，将其实施于岳麓书院，从而扩大了这份学规的影响。后来，朱熹的弟子刘爚在任国子司业时，还奏请皇上将这份学规颁示太学。于是，淳祐元年，宋理宗亲笔手书《白鹿洞书院揭示》赐予太学，这意味着《白鹿洞书院揭示》已成为御颁的教育方针。从此，这一学规被愈来愈广泛地推行于南宋与元、明、清各代的书院，并对官学也产生了深远的影响。

南宋时期，曾在书院讲学或充任主持人的著名人物除了朱熹，还有胡安国、胡宏、张栻、吕祖谦、陆九渊、陈亮、叶适（1150～1223年）、黄榦（1152～1221年）、蔡沈（1167～1230年）、真德秀（1178～1235年）、魏了翁、王柏（1197～1274年）、刘辰翁（1232～1297年）等。

胡安国，字康侯，崇安人。绍圣进士。历任太学博士、给事中、宝文阁直学士等。为学私淑（音sīshū，指未能亲自受业但敬仰其学术并尊之为师）程颐。绍兴间，曾授徒于碧泉书院。著有《春秋传》、《资治通鉴举要补遗》等。

胡宏，字仁仲，崇安人。胡安国之子。以父荫补右承务郎，终生未仕，长期隐居于衡山之下，学者称五峰先生。他早年从父亲受学，又曾师事程门高弟杨时与侯仲良，与父亲一同成为南宋理学中湖湘学派的创始人。绍兴间，他也曾讲学于碧泉书院，还曾讲学于道山书院。著有《知言》、《五峰集》等。

张栻，字敬夫，一字钦夫，号南轩，绵竹（今四川广汉）人，侨居衡阳。以父荫补承务郎。由直祕阁历官至右文殿修撰。他早年从胡宏问学于碧泉书院，为学首重明"义利之辨"，并重视对伦理道德的践履。他是湖湘学派的主要代表人物，与朱熹、吕祖谦并称"东南三贤"，曾讲学于善化城南书院与岳麓书院。著有《论语解》、《孟子说》、《南轩集》等。

吕祖谦，字伯恭，学者称东莱先生，婺州（今浙江金华）人。先世原居河东，后相继移居寿春（今安徽寿县）、开封，自曾祖始居婺州。隆兴进士，又中博学宏词科。历任太学博士、秘书郎、著作郎兼国史院编修官等。他自幼深受先世"中原文献"之学的影响，后师事林之奇、汪应辰、胡宪。其学以调和朱（熹）、陆（九渊），倡导学以致用，并重视历史研究为特征。由他所创立的学派被称为"婺学"（又称"吕学"）或金华学派。他曾讲学于丽泽书院，又曾讲学于东阳的石洞书院，并曾与朱熹一同纂辑《近思录》于寒泉精舍。著作有《东莱左氏博议》、《春秋左氏传说》、《春秋左氏传续说》、《吕氏家塾读诗记》、《历代制度详说》、《东莱集》等。

陆九渊，字子静，号存斋，又号象山翁，学者称象山先生，金溪人。乾道进士。初任靖安主簿，后任崇安主簿、国子正等。53岁时出知荆门军，次年病逝。他曾提出主观唯心主义的"心即理"（《象山全集·与李宰二》）说，以"心"为宇宙万物的本源，并以"发明本心"即对封建伦理的自我反省和认识为修养方法。由他所创立的学派被称为"心学"或象山学派。他于淳熙八年曾应朱熹的邀请，讲学于白鹿洞书院，后主讲于象山精舍，从学者很多。著作有《象山先生全集》。

陈亮，字同甫，学者称龙川先生，婺州永康人。绍熙进士。被授签书建康府判官厅公事，尚未赴任即已去世。生平关心国事，力主抗金，反对苟安，因受权贵嫉恨，3次被诬入狱。他在世界观与认识论方面，具有朴素唯物主义的观点，认为"盈宇宙者无非物"

（《龙川文集·经书发题》），强调人的才能取决于实际活动的磨炼。又曾与朱熹多次进行"王霸义利之辨"，批评朱熹将历史分为三代与三代以后两截的复古倒退历史观，并提倡事功之学，注重功利，反对空谈心性。以他为代表的学派被称为永康学派。他曾授徒于龙川书院。著作有《龙川文集》等

叶适，字正则，学者称水心先生，温州永嘉（今属浙江）人。淳熙进士。历任平江节度推官、国子司业、宝文阁待制兼江湖制置使等。他在世界观与认识论方面，也具有朴素唯物主义的观点，认为"物之所在，道则在焉"（《习学记言序目》卷四十七），肯定"道"存在于事物之中，并将"格物"解释为"以物用而不以己用"（《水心别集·进卷·大学》），即认为人的主观认识应服从于客观实际。为学力主"务实而不务虚"（同上书《补遗·奏札》），提倡事功之学，反对空谈义理。他是永嘉学派的主要代表人物，曾讲学于东阳的石洞书院。著作有《水心文集》、《水心别集》、《习学记言序目》等。

黄榦，字直卿，学者称勉斋先生，闽县（今福建福州）人。系朱熹的门婿。自淳熙三年（1176年）始，师事朱熹。朱熹建成竹林精舍后，又往问学。历知新淦县、安庆府等。其学承袭朱熹，对传播朱学贡献甚大。他在任新淦县令时，曾讲学于高峰书院；知安庆府时，也曾讲学于当地书院。此外还曾讲学于白鹿洞书院。著作有《经解》、《黄勉斋文集》。

蔡沈，字仲默，学者称九峰先生，建阳人。蔡元

定（1135～1198年）之子。"庆元党禁"中，其父以布衣被编管道州，他徒步相随。父亲去世后，返归故里，隐居不仕。他曾从朱熹问学于竹林精舍，并遵照朱熹所嘱，精研《尚书》，撰成《书集传》（该书为元朝以后科举考试所用的标准注本）。又曾讲学于南山书院。著作有《洪范皇极》等。

真德秀，字景元，后改希元，学者称西山先生，建宁浦城（今属福建）人。庆元进士。历任南剑州判官、江东转运副使、户部尚书、参知政事等。为学私淑朱熹，对朱熹倍加推崇。理学在理宗淳祐间取得正宗地位，与他的努力密不可分。他曾讲学于延平书院。著作有《西山文集》、《大学衍义》等。

魏了翁，字华父，号鹤山，邛州蒲江（今属四川）人。历任金书剑南节度判官、兵部郎中、端明殿学士等。他与真德秀齐名。曾与朱熹弟子李燔、辅广为友，故为学私淑朱熹，并对程朱理学倍加推崇，但陆学也对他有一定影响，他在闲居靖州时，曾讲学于鹤山书院，许多士子从他问学。他还曾讲学于东阳的石洞书院等处。著作有《九经要义》、《鹤山集》等。

王柏，字会之，号长啸，又号鲁斋，婺州金华人。曾师事黄榦的弟子何基（1188～1268年），后受聘讲学于丽泽书院与上蔡书院。他学宗朱熹，但不墨守。著作有《鲁斋集》、《书疑》、《诗疑》等。

刘辰翁，字会孟，号须溪，庐陵人。早年为吉州白鹭洲书院生徒。景定三年（1262年）廷试对策，因所言触犯权臣贾似道（1213～1275年），被置于丙等。

曾任濂溪书院山长，后被荐为太学博士，固辞不就。宋亡不仕。他是南宋末的杰出词人，作品富于爱国精神。著有《须溪集》等。

南宋时期，曾在书院受学的著名人物，除了上面提到的张栻、黄榦、蔡沈、刘辰翁以外，还有蔡元定、陈淳（1159～1223 年）、祝穆、刘爚、余玠（？～1253 年）、江万里（1198～1275 年）、文天祥（1236～1283 年）、张翠（1236～1302 年）、吴澄（详见本书元代部分）等。

蔡元定，字季通，学者称西山先生，建阳人。曾师事朱熹，问学于寒泉精舍。朱熹对他不以弟子看待，对于那些初次前来问学的人，朱熹一般先让他代为指导。庆元二年，因韩侂胄禁"伪学"，被谪道州。生平博览群书，尤深于象数学。著作有《皇极经世指要》、《律吕新书》、《大衍详说》、《西山公集》等。

陈淳，字安卿，人称北溪先生，漳州龙溪（今福建漳州）人。朱熹知漳州时，曾从受学，后又从学于竹林精舍。嘉定间，被授安溪主簿，尚未到任，即已去世。为学专宗朱熹，力排陆学。著有《北溪全集》、《北溪字义》等。

祝穆，原名丙，字和甫，崇安人，原籍歙州（今安徽歙县）。曾祖祝确是朱熹的外祖父。他曾与胞弟祝癸一同从朱熹受学于武夷精舍。后被授迪功郎。著有《事文类聚》、《方舆胜览》、《群书一览》等。

刘爚，字晦伯，建阳人。曾师事朱熹于寒泉精舍。乾道进士。由山阳主簿历官至权工部尚书。著有《云庄集》。

余玠，字义夫，蕲州（今湖北蕲春东北）人。年少时，曾为白鹿洞书院生徒。后入淮东制置使赵葵幕，以战功补进义副尉，历官至兵部侍郎，四川安抚制置使兼知重庆府。入川后，整顿政务，严肃军纪，并筑青居、钓鱼等城，屯兵聚粮，以抵御蒙古军的入侵。后因朝廷听信谗言，召赴临安，闻命后暴卒。

江万里，字子远，都昌人。曾肄业于白鹿洞书院，又曾入太学读书。由池州教授历官至左丞相兼枢密使。德祐元年（1275 年）元兵破饶州后，投水而死。他生平热心于书院教育，先后在知吉州与权知隆兴府时，分别创设过白鹭洲书院与宗濂书院。

文天祥，字宋瑞，又字履善，号文山，庐陵人。曾肄业于白鹭洲书院。宝祐四年（1256 年）举进士第一，因父丧归里。开庆元年（1259 年）以后，任宁海军节度判官、军器监兼权直学士院、湖南提刑等。德祐元年知赣州时，元兵东下，朝廷下诏号召勤王。他组织抗元武装，率兵入卫临安，被命知平江府。次年任右丞相兼枢密使，奉派赴元营议和，因怒斥元丞相伯颜（1236～1295 年），被扣留。旋于镇江脱逃，南下至温州。端宗即位，重任右丞相，坚持抗元斗争。祥兴元年（1278 年）十二月，被俘于五坡岭（今广东海丰北）。次年，被送至大都（今北京），囚禁 3 年，宁死不屈。至元十九年十二月（1283 年初）从容就义。著作有《文山先生全集》。

张栻，字达善，导江（今四川灌县东）人，侨寓江左。王柏讲学于上蔡书院时，曾从受业。元初，被聘至江宁，教授生徒。又曾讲学于扬州，来学者甚众，被尊称为导江先生。后因大臣推荐，被命为孔、颜、孟三氏教授。著有《经说》等。

南宋书院的组织管理、活动内容及其他

南宋时期是我国书院制度臻于成熟的时期。这一时期书院制度成熟的重要标志，是前述朱熹为白鹿洞书院所制定的学规——《白鹿洞书院揭示》。这个学规在中国书院史上，首次为书院确定了总的教育方针。它不仅是南宋理宗淳祐以后的钦定书院学规，而且是元、明、清三代书院的共同学规。除此以外，这一时期书院制度的成熟还表现在：书院的组织管理趋于健全，书院的讲学、供祀、藏书"三大事业"有了长足的发展，书院的建筑结构与经费收支也形成了一定的规制。

（1）南宋书院的组织管理。南宋书院的组织管理主要表现在管理人员的设置和生徒的招收及其管理两方面。

第一，管理人员方面。南宋时，书院主持人的名称有"山长"、"院长"、"洞主"、"山主"等。其中，以称"山长"者为多。这一时期的书院主持人，多数为书院的民间创办人与地方官吏所延聘（也有由书院的民间创办人自任的）。不过，也有一些书院的山长则

是由朝廷直接任命的（这种情况主要出现于南宋后期）。朝廷所任命的书院山长，既有官员，也有虽为布衣但有人举荐的著名学者。其委任的具体做法有：或专门授予某人以山长之职；或命府州学教授与干官（即干办公事）兼任山长；或命祠官（即宫观官）兼任山长。

除山长外，南宋时书院的管理人员还有副山长、堂长、讲书、学录、堂差、直学、司计、斋长、斋谕等。这些管理人员在各个书院的设置并不一致。

应当指出，在这一时期的书院中，堂长也是一种较为常见的管理人员。堂长的地位与执掌，不同书院不尽相同。如金溪的槐堂书院与贵溪的象山书院均不设山长，而由堂长"主教"。这两所书院的堂长，其地位与山长无异。而根据朱熹的《南康军请洞学堂长帖》与陈傅良的《重修岳麓书院记》来看，淳熙间，白鹿洞书院与岳麓书院的堂长，虽然与山长、洞主同为书院的主要教师，其地位则在山长、洞主之下。

第二，生徒方面。南宋时期的书院收录生徒一般不分籍贯，有些书院对于生徒要加以挑选，但多数书院并不选择生徒。在对于生徒的管理方面，南宋有不少书院都是采用分斋制，各个书院所设斋数并不相同。

（2）南宋书院的"三大事业"。所谓"三大事业"，即讲学、供祀、藏书三大功能。

第一，讲学。这是书院活动的中心内容，在讲学方面，南宋书院的发展主要表现在以下几方面：

一是书院本身与官方都很重视为书院择师讲学。

如东阳的石洞书院就曾屡次延请名师从事讲学，朱熹、吕祖谦、叶适、魏了翁都曾在该书院讲过学。程公许在知袁州时，也曾聘"宿儒"胡安之为南轩书院诸生讲学。

二是不少书院的讲学内容具有鲜明的学派性。南宋书院的主要教材都是儒家的经典，但不同学派的代表人物及其门徒，在其所主持或讲学的书院中所传授的主要是本学派的学说。与此相适应，各学派代表人物的著述也成为书院的主要教材。

三是不同学派可以在同一书院讲学，进行学术交流。例如：乾道三年，闽学派的代表人物朱熹曾讲学于由湖湘学派代表人物张栻所主教的城南书院与岳麓书院，并与张栻"会讲"，讨论《中庸》之义；淳熙八年，心学派的代表人物陆九渊曾应朱熹所请，讲学于白鹿洞书院。应当说明，这种不同学派之间的学术交流，并不以书院为限。例如，淳熙二年（1175年），吕祖谦就曾约请陆九龄、陆九渊兄弟等，与朱熹会讲于铅山的鹅湖寺。在为学方法上，就"道问学"与"尊德性"的孰是孰非，展开诘辩。也是在淳熙间，吕祖谦还常与其弟吕祖俭（？～1200年）前赴永康的五峰，同永康学派的代表人物陈亮会讲。

四是不少地方官积极参与了书院的讲学活动。如：朱熹、黄榦，又如徐元杰在淳祐间知南剑州时，也曾到延平书院会见生徒，"亲为讲说"（《宋史·徐元杰传》）。

五是书院讲学是与生徒自学相辅而行的。在南宋的书院教学中，讲学者一般并不对儒家经典著作进行系统的讲解，而是在生徒自学为主的基础上，每次只选择儒家经典著作中的某一章或儒家学说中的某一点进行阐发。如：陆九渊讲学于白鹿洞书院时，就只讲了《论语》"君子喻于义，小人喻于利"一章；欧阳守道（1209～？）初次在岳麓书院讲学时，也只阐发了"孟子正人心，承三圣之说"。有的讲学者虽然有时也会敷陈一下某几种儒家经典的大义，但也不是逐章系统讲解。

六是书院讲学的形式趋于多样化。在五代时，作为白鹿洞书院前身的庐山国学中，就已出现了教师"升堂讲释"的教学形式。南宋时，升堂讲学已发展为书院中流行的主要讲学形式，同时还出现了生徒代讲以及生徒试讲同教师讲说相结合等新的讲学形式。据说，陆九渊讲学于象山精舍时，就时常命弟子傅子云代为讲学。至于生徒试讲同教师讲说相结合的讲学形式，朱熹在岳麓书院与竹林精舍都曾采用过。这种讲学形式的优点是，教师可以根据生徒试讲中所存在的问题，有的放矢地进行讲说。

七是名师讲学，非本书院人士也可前来听讲。如黄榦于嘉定间入庐山，在白鹿洞书院讲解《乾》、《坤》二卦时，山南、山北的士人闻讯也都纷纷前来听讲。

第二，供祀。在供祀方面，南宋书院的发展主要表现在，书院供祀"先贤"的活动不仅相当普遍，而且，书院供祀的对象也显著地扩大了。

这一时期，书院的供祀对象相当广泛：既有孔子及其弟子，也有自北宋以来的理学家；既有乡贤名宦或理学家以外的文化名人，如邵武的樵溪书院供祀乡贤李纲（1083～1140年），宜州的龙溪书院供祀曾谪居该地的黄庭坚，也有与书院有关的人物，如长洲的和靖书院供祀该书院的创建人曹豳。尤其显著的一个特点是重视对理学家的供祀。这一时期，书院中所供祀的理学家，以周敦颐、张载、程颢、程颐、朱熹诸人为多，也有供祀邵雍（1011～1077年）、谢良佐、杨时、尹焞、罗从彦、李侗、张栻、吕祖谦、陆九渊、真德秀等人的。之所以如此，一是由于"嘉定更化"以后，理学地位的日益提高及其在理宗淳祐以后确立了在思想界的统治地位；二是由于朱熹及其弟子黄榦宣扬周、张、程、朱继承儒家所谓"道统"的影响；三是由于在朱熹以其师李侗及李侗之师罗从彦从祀于竹林精舍的带动下，一些理学家的弟子也相继仿效，祀其师或本学派的代表人物于书院。

这一时期，书院的祭祀典礼一般实行春、秋两祭。不过，也有不限于此的。如永嘉的永嘉书院除春、秋两祭外，还有"元旦、冬至行礼"（光绪《永嘉县志》卷七）的规定。还有，当时已经形成了书院于落成之后，开讲之前，先举行"释菜"（古代学校祭祀先师的典礼之一）的制度。

第三，藏书。与北宋时相比，南宋时的书院更加重视藏书。例如：朱熹在兴复白鹿洞书院的过程中，除了奏请朝廷颁赐《九经注疏》等书以外，还曾向江西诸郡及四方学者广为征求图书；陆九渊的门徒、象山精舍的创建人彭兴宗，在陆九渊去世以后，还曾特地到福建路为本书院购书。因此，这一时期书院的藏书更为丰富。据载，严州钓台书院藏有经、史、子、集各类书籍，武宁的黄冈书院藏书万卷，东阳的南园书院藏书多达 3 万余卷。

这一时期，适应于书院生徒学习与书院本身藏书的需要，有些书院已开始刻印图书。这种书院所刻书被称为"书院本"。如嘉定十七年（1224 年）白鹭洲书院所刻班固撰颜师古注《汉书集注》100 卷，绍定三年（1230 年）丽泽书院所刻司马光《切韵指掌图》2 卷，绍定四年（1231 年）象山书院所刻袁燮《絜斋家塾书抄》12 卷，淳祐六年泳泽书院所刻朱熹《四书集注》19 卷，咸淳元年（1265 年）建安书院所刻朱熹《晦庵先生朱文公文集》100 卷、《续集》10 卷、《别集》11 卷等，多为善本。

（3）南宋书院的建筑结构与经费收支。

第一，建筑结构。伴随着这一时期书院组织管理的趋于健全以及书院"三大事业"的发展，书院的建筑结构也形成了一定的规制。

典型的南宋书院，其主要建筑包括礼殿、祠堂、讲堂、斋舍、书楼等。礼殿又称圣殿、大成殿或燕居堂等，是供祀孔子的处所。祠堂是供祀本书院所崇奉的"先贤"之处所。讲堂是教师讲学的处所。斋舍是生徒肄业、居住的处所。书楼（或书库、藏书室）是藏书的处所。不过，这时拥有书楼等专用藏书建筑的书院还不多，最小的书院只有祠堂，系以祠堂为书院。

第二，经费收支。南宋书院的经费收入一般主要依靠学田的田租。这时的书院学田，有的是政府所拨，有的是私人所捐。学田在千亩以上的书院有：善化岳麓书院、上元明道书院、星子白鹿洞书院等。其中，岳麓书院有学田 5000 亩，明道书院的学田为 4908 亩。除了学田的田租收入以外，有的书院还有其他项目的收入，如金溪槐堂书院，地方官每月拨公费相助。还有个别书院以抵质库（即明以后的当铺）的利息收入作为经费来源，如严州钓台书院便是由官府捐钱 5 万缗，在城内设抵质库，每月收取利息，以助该书院"养士"之费。

南宋书院的经费支出，主要用于供给书院管理人员与生徒之所需以及书院的祭祀费用等。由于经费所限，南宋有些书院对生徒的名额有明确的规定。如岳麓书院在乾道初重建后，生徒定额为 20 人。绍熙间，朱熹知潭州时，又为该书院增添了额外生徒 10 名。对于这新增加的 10 名额外生徒，书院每日供给米一升四合、钱六十文。有的书院则不仅对生徒名额，而且对书院管理人员的名额及其待遇也都有明确的规定。如金溪槐堂书院在淳祐十年（1250 年）重修后，便明确规定了管理人员与生徒的名额，并根据每年总的收入状况分别给予不同的待遇。

五　元代的书院

元代书院的发展概况

由成吉思汗（铁木真，1162～1227 年）在金泰和
六年（1206 年）所建立的蒙古国，于南宋理宗景定元
年（1260 年），由忽必烈（1215～1294 年）取得汗位，
建元中统。至元八年（1271 年），忽必烈正式定国号
为大元。次年，建都大都。至元十三年（1276 年），
元兵攻陷临安。至元十六年（1279 年），南宋覆亡，
全国又归于统一。

还在全国统一以前，元朝统治者就已逐渐认识到
"文治"对于巩固政权的重要性。为此，他们很注重尊
崇儒学和发展文化教育事业。据载，元太宗五年
（1233 年），蒙古军占领金都城汴梁（今河南开封）
后，太宗恒曾颁诏命孔子 51 世孙孔元楷承袭"衍圣
公"的封号，并下令修孔子庙。太宗六年（1234 年）
灭金以后，委任冯志常为国子学总教，命贵族子弟 18 人
入学。元世祖至元八年，又以儒学大师许衡（1209～
1281 年）为集贤大学士兼国子祭酒，选择蒙古子弟，

由其教授。在发展地方教育方面，元世祖中统二年（1261 年），还曾下诏设置诸路提举学校官，力图复兴各路的学校。

与此同时，元朝政府对于书院教育也很重视。还在元太宗时，行中书省事杨惟中（1205～1259 年）随皇子阔出攻宋，便曾搜集理学家的著作送往燕京（今北京），在燕京立周敦颐祠，创建了一所太极书院。中统二年，忽必烈还曾特地颁诏，要求地方官按时在孔庙与书院进行祭祀活动，明确宣布，不许军政人员对书院侵扰亵渎，违者加罪。这无疑反映出，元朝政府保护、发展书院教育的意图。此外，有的元朝地方官吏在戎马倥偬之中，也曾建立过个别书院。如至元十四年（1277 年），江东宣慰使张弘范（1238～1280 年）就曾在当涂创建了采石书院。但总的来看，元朝政府统一全国以前，由于战事不断，其统治区域内，书院教育尚无显著发展。而且，实际上，在宋末元初的干戈扰攘之中，不少书院还势不可免地遭到了破坏。

元王朝统一全国后，江南的一些地方官吏自发地兴复了某些书院，并新建了一些书院。如至元十九年（1282 年），吉安路总管李珏修复了庐陵白鹭洲书院；至元二十三年（1286 年），潭州学正刘必大重建了善化岳麓书院；至元二十四年（1287 年），婺源知州汪元圭在该州创建了晦庵书院。与此同时，乡间也恢复与新建了一批书院。有些不肯仕元的南宋学者、文人或自建书院以讲学，或在其他私人所办的书院中主教事。如著名学者金履祥（1232～1303 年）建仁山书院于兰溪的天福山以讲学，原咸淳进士张卿弼其时隐居弋阳，其弟子杨应桂于至元十八年（1281 年）建蓝山书院，以供其授徒。面对这种局面，元朝政府为了消除汉族知识分子的敌对情绪，对于书院不论其为官吏所办还是民间所办，一概采取了鼓励、帮助的办法。至元二十八年（1291 年），元朝政府明文宣布：除在江南诸路学与各县学内设立小学外，"其他先儒过化之地、名贤经行之所与好事之家出钱粟赡学者，并立为书院"（《元史·选举志一》）。元朝政府的这种做法，有力地推动了书院的发展。事实上，正是在这以后，元代书院迅速地发展起来。

从元世祖至元末年到元末，书院的发展大致可以划分为以下 3 个阶段：

第一阶段从元世祖至元末年到元仁宗皇庆元年（1312 年）。一方面由于北方经济因长期战乱遭到的破坏远比南方经济遭受的破坏严重，而这种影响不是在较短时间内可以消除的，另一方面由于靖康以来北方虽也建立过个别书院，但新建书院主要是在南方，因而，书院的发展主要局限于南方地区。

这一阶段南方新建的书院有：建于元贞（1295～1297 年）间的攸州（今湖南攸县）凤山书院、嵊县二戴书院，建于大德（1297～1307 年）间的义乌五云书院、乐安鳌溪书院、永新屏山书院、金溪青田书院，建于至大（1308～1311 年）间的鄞县杜洲书院、婺源明经书院等。同时，南方还重建了一些书院。如元贞间重建的丹徒淮海书院、临桂宣城书院，大德间重建的上元南轩书院、赣县先贤书院等。此外，南方有的书院的经费收入也得到了进一步的充实。如大德间，南康路总管崔翼之便曾为白鹿洞书院添置了上壤田100亩（在此以前，该书院于至元间已曾修缮）。

第二阶段从仁宗皇庆二年（1313年）到宁宗至顺三年（1332年）。一方面由于北方经济历经数十年较为安定的社会环境，已逐渐恢复了元气，另一方面则因元王朝于皇庆二年下诏实行科举，所定各地应选参与会试的名额，北方远高于南方，从而对北方地方官学与书院的发展产生了一定的促进作用，所以，北方书院有了较为显著的发展。

这一阶段，北方新建的书院有：建于延祐（1314～1320年）间的咸宁（今陕西西安）鲁斋书院、滕县性善书院、三原学古书院、鄄城（今山东鄄城北）历山书院，建于至治（1321～1323年）间的光山涑水书院，建于泰定（1324～1328年）间的昌平谏议书院、郿县横渠书院、绛县华灵书院，建于天历（1328～1329年）间的岐山岐阳书院等。

同时，南方也新建了一些书院。如建于延祐间的永丰志欧书院、贵溪灵谷书院，建于至治间的澧阳（今湖南澧县）道溪书院，建于天历间的光泽云岩书院，建于至顺（1330～1332年）间的舒城龙眠书院、常熟文学书院等。

此外，还扩建和重修了一些书院。如皇庆二年扩建铅山鹅湖书院，延祐间大修上犹太傅书院，泰定间修复上党雄山书院，至顺间重修遂溪文明书院等。

第三阶段从元统元年（1333 年）到至正二十八年（1368 年）。虽然元王朝于元统三年（1335 年）到至元五年（1339 年）曾一度停废科举，社会又动荡不已，但这一阶段的前 30 年间，书院仍有很大的发展。

这一阶段新建的书院有：建于元统（1333～1334年）间的长洲甫里书院、长沙乔江书院，建于至元（1335～1340 年）间的曲阜尼山书院、崇仁草庐书院，建于至正四年（1344 年）的彭泽靖忠书院，建于至正五年（1345 年）的上海清忠书院，建于至正七年（1347 年）的清湘璜溪书院，建于至正九年（1349 年）的射洪（今四川射洪西北）金华书院等。

与此同时，重修了一些书院，如至正元年（1341年）重修建德（今浙江建德东北）钓台书院，至正三年（1343 年）重修庐陵凤山书院，至正十年重修宁都梅江书院等。

至正十一年（1351 年）后，虽已进入元末战争状态，有些地区仍有书院建立。如至正十三年（1353年）建的鄄城崇义书院，至正十五年（1355 年）建的邹平伏生书院，至正二十三年（1363 年）建的光泽崇仁书院等。当然，也不断有书院毁于兵火。如至正十一年白鹿洞书院被毁，至正十二年（1352 年）光泽云岩书院被毁，至正二十五年（1365 年）崇安紫阳书院被毁。此外，包括善化岳麓书院、铅山鹅湖书院在内的全国大部分书院，也都在元末战争中废毁。

从元代书院的发展来看：

第一，元代新建书院分布于今属江西、浙江、湖南、山东、福建、山西、河北、江苏、陕西、河南、湖北、安徽、广东、四川、广西、北京、上海等地区。其中，新建书院较多的是今属江西、浙江、湖南、山东等地区。

第二，在元代书院建设中，民力仍为主干，官力仍居次要位置，不过民办书院所占比例低于宋代。

第三，元代书院的兴建者中，既有汉族人，也有蒙古人（如鄄城的历山书院系由蒙古人历山公千奴所建）与色目人（如舒城的龙眠书院系由色目人知县燮理溥化所建）。这反映出，元朝形成的规模空前的多民族统一国家，对于书院发展产生了一定的影响。

元代书院的著名师生

元代书院的著名讲学者或主持人有赵复、李治（1192～1279年）、金履祥、吴澄、马端临、同恕（1254～1331年）、黄泽（1260～1346年）、袁桷（1266～1327年）、安熙（1270～1311年）、程端礼（1271～1345年）、祝蕃（1286～1347年）、郑玉（1298～1358年）、宋濂（1310～1381年）等。

赵复，字仁甫，学者称江汉先生，德安（今湖北安陆）人。学宗程朱。元太宗七年（1235年），蒙古军攻宋，被俘。经姚枢（1202～1278年）竭力相劝，前往燕京。杨惟中建成太极书院后，请他讲授其中，有弟子百余人。通过他的教学活动，因长期战乱、南北阻隔而一直未能北传的朱学得以在北方传播开来。

其著作有《传道图》、《伊洛发挥》、《师友图》、《希贤录》。

李治，字仁卿，号静斋，栾城人。金末进士。曾任钧州（今河南禹县）知事。钧州被蒙古军占领后，流落于忻州（今山西忻县）、崞县（今山西原平北）一带。忽必烈曾召见他，向他征询治理天下的方略等。晚年，家居元氏县，授徒于封龙书院。元世祖至元二年（1265 年）被荐为学士。就职仅一月，即以老病辞官。生平尤精数学。著有《测圆海镜》、《益古衍段》、《敬斋文集》等。

金履祥，字吉父，学者称仁山先生，兰溪人。师事王柏，并从学于何基，得朱学之传。宋亡后，隐居金华山中。南宋末，他曾受聘讲学于严州钓台书院。元初，他除曾讲学于由他亲自创建的兰溪县仁山书院外，还曾讲学于该县的齐芳书院与重乐书院。著有《通鉴长编》、《尚书表注》、《论语集注考证》、《孟子集注考证》、《仁山集》等。

吴澄，字幼清，晚字伯清，学者称草庐先生，崇仁人。早年曾从程若庸问学于抚州临汝书院，得朱学之传。咸淳间应乡试中选，举进士不中。元初，历任江西儒学副提举、国子司业、翰林学士、经筵讲官等。他是与许衡齐名的元朝理学大师，当时有"北有许衡，南有吴澄"之誉。其学虽出于朱学，但主张折中朱、陆。他曾讲学于江宁江东书院、上饶白石书院。著有《易纂言》、《书纂言》、《礼记纂言》、《春秋纂言》、《吴文正集》等。

　　马端临，字贵与，乐平人。南宋右丞相马廷鸾（约 1223～1289 年）之子。早年从学于曹泾（1238～?），得朱学之传。以父荫补承事郎。宋亡后不再做官。历时 20 余年，撰成史学名著《文献通考》。后曾任慈湖书院与柯山书院山长、台州路学教授。另著有《多识录》、《大学集传》等。

　　同恕，字宽甫，号榘庵，奉元（今陕西西安）人。学宗程朱。屡拒官府征召。延祐年间，奉旨主持鲁斋书院教事，弟子近千人。后被召为奉议大夫、太子左赞善，接着以病辞归。致和元年（1328 年），被任命为集贤侍读学士，以老病辞。著有《榘庵集》。

　　黄泽，字楚望，江州人。治经长于考释，观点以程朱为本。大德间，被授江州景星书院山长，后又任南昌东湖书院山长，从学者甚众。任职期满，返归故里，继续授徒。吴澄在读过他的著作后，认为平生所见到的经学家中，没有能比得上他的。著有《六经补注》、《翼经罪言》、《易学滥觞》、《春秋指要》等。

　　袁桷，字伯长，号清容居士，鄞县人。曾师事王应麟的门人戴表元，后任丽泽书院山长。大德（1297～1307 年）初，被荐为翰林院检阅官，历官至侍讲学士。著有《易说》、《春秋说》、《清容居士集》。

　　安熙，字敬仲，藁城人。全家父子兄弟自为师友。为学私淑著名理学家刘因（1249～1293 年），宗奉朱熹。终生不仕，家居教授多年，并曾讲学于元氏的封龙书院。著作有《默庵集》。

　　程端礼，字敬叔，学者称畏斋先生，鄞县人。受学于史蒙卿，得朱学之传。曾任建平、建德教谕，稼轩书院、江东书院山长，铅山州学教谕，台州教授。著有《读书分年日程》、《畏斋集》。

祝蕃，字蕃远，玉山人。师事陈苑，得陆学之传，笃信陆九渊"发明本心"之说。曾任高节书院山长，后任饶州教授、浔州总管经历。与陈苑的另外 3 位高足弟子李存（1281～1354 年）、舒衍、吴存光并称"江东四先生"。

郑玉，字子美，号师山，歙县人。生平深研六经，尤精《春秋》。不求仕进，而倾心于教育。由于前来从他受业的人太多，他的寓所难以容纳，弟子们为他建造了师山书院以供他讲学所用。至正十四年（1354 年），被授翰林待制、奉议大夫，他托病不受。后朱元璋（1328～1398 年）部将率军入徽州，邀他出山，以固辞被囚，自缢而死。其学以调和朱、陆之争为特色。著有《春秋经传阙疑》、《师山文集》。

宋濂，字景濂，金华人。曾从闻人梦吉受《春秋》，后从柳贯（1270～1342 年）、黄缙（1277～1357 年）、吴莱（1297～1340 年）受业。至正（1341～1368 年）间，被荐授翰林编修，未接受。朱元璋称吴王后，授以江南儒学提举，命授太子经。明初，诏修《元史》，充任总裁官。后历官至翰林学士承旨知制诰。致仕后，因其孙宋慎与胡惟庸（？～1380 年）案有关，被贬谪茂州，途中，在夔州去世。其学也具有调和朱、陆的特点。他在元朝后期，曾讲学于浦江的东明书院。著作有《宋文宪公全集》。

元代曾在书院肄业的著名人物有许谦（1270～1337年）、柳贯、泰不华（1304～1352年）、陈南宾、方孝孺（1357～1402年）等。

许谦，字益之，号白云山人，金华人。31岁时，听说金履祥讲学于兰溪的仁山书院，便前往受业。后隐居东阳八华山中，开门讲学，弟子很多。他与何基、王柏、金履祥同为金华朱学的主要代表人物，并称"金华四先生"。著作有《读书丛说》、《读四书丛说》、《白云集》等。

柳贯，字道传，浦江人。曾从金履祥受业于兰溪的重乐书院。后历任江山县学教谕、江西儒学提举、翰林待制等。与黄缙、虞集（1272～1348年）、揭傒斯（1274～1344年）并称"儒林四杰"。著作有《待制集》。

泰不华，蒙古伯岳吾氏，字兼善，原名达普化，元文宗赐名泰不华。世居白野山，因父亲塔不台任台州（今浙江临海）录事判官而侨居台州。从周仁荣受业于美化书院。至治进士。历任集贤修撰、中台监察御史、礼部尚书、台州路达鲁花赤等。曾参与修撰宋、辽、金三史。著作有《顾北集》。

陈南宾，原名光禄，茶陵人。早年读书于岳麓书院。至正进士。官全州学正。明初，由无棣丞官至蜀府左长史。曾在国学任教20年。

方孝孺，字希直，又字希古，学者称正学先生，宁海人。元末，师事宋濂于浦江的东明书院。洪武（1368～1398年）间，任汉中教授。惠帝即位后，历任翰林侍讲、侍讲学士、文学博士。建文四年（1402年），燕王（即明成祖）朱棣（1360～1424年）的军队入京师（今江苏南京），因拒绝为朱棣起草登极诏书，被害。著作有《逊志斋集》。

3 元代书院的组织管理、活动内容及其他

元代书院制度系由南宋书院制度发展而来，而又具有鲜明的特点。元代书院制度最主要的特点是它的官学化。这在书院的组织管理方面表现得尤为突出。

（1）元代书院的组织管理分如下两个方面。

第一，管理人员方面。元代书院的主持人一般称为"山长"。元世祖至元二十八年以后，根据元朝政府的规定，每所书院设山长一员，中原州县的书院山长由礼部任命，各行省所属州县的书院山长由行省或宣慰司任命，品级相当于下州的学正。山长同学正一样，可由学录、教谕升迁而来，并可升为府与上、中州的教授，而上、中州教授则可升为路教授。这样就使山长不仅成为学官的一种，而且还纳入了官吏的升迁系统。

这里有必要说明三点：一是元代书院的主持人除称为山长外，个别的还称为"院长"或其他称呼。二是元代书院的山长绝非仅由学录、教谕升迁而来。不要说元初的书院主持人显然不在此例，就是在以上规定实施以后，也仍有不少布衣因受荐举而被任命为书

院山长的。除布衣外，还有不少下第举人被授以书院山长之职（这种情况始于延祐间），同时也有因系"先贤"后裔而被任命为奉祀该"先贤"的书院山长的。另外，也有以州学正兼任书院山长的。三是除山长外，元朝政府还在书院中设置了直学一职，以掌管钱谷，其地位在山长之下，也由政府委派。

第二，生徒方面。元代也有不少书院的生徒不以籍贯为限，有些书院在选择优秀人才入院的同时，还招收年幼的学生入院，对二者分别进行教育。至于对生徒的管理方面，有不少书院同南宋一样实行分斋制。

在书院生徒的去向问题上，元代书院同南宋书院有显著的不同。根据元朝政府的规定，元朝书院的生徒经地方官举荐与监察部门考核，可以被用为学校的教官或政府的吏员，从而一改南宋时政府对书院生徒去向不闻不问的状况。从这里可以看出，元朝政府在掌握了书院管理人员的委任权的同时，还掌握了书院生徒的分配权，大大地加强了对书院的控制。

（2）元代书院的教学。同南宋时期一样，元代书院教学的主要教材也是儒家的经典。不过，同南宋时那种各个学派在书院中竞相讲授各派学说的状况迥然不同的是，元代书院所讲授的内容，主要是程朱派理学，与此相适应，程朱的著作也成为元朝书院中仅次于儒家经典的主要教材。之所以如此，同元代科举考试的内容密切相关。据《元史·选举志一》记载，元仁宗在皇庆二年颁布的实行科举制度的诏书中明确规定：无论对蒙古人、色目人，还是对汉人、南人，在科举三场考试第一场的"经问"中，都要从《大学》、《论语》、《孟子》、《中庸》中出题，并以朱熹的《四书章句集注》为准。与此同时，对于汉人、南人，在第一场中还要考试一道"经义"。同时，也规定《诗经》以朱熹的《诗集传》为主，《尚书》以蔡沈的《书集传》为主，《周易》以程朱之说为主，《春秋》可用胡安国的《春秋传》与原《春秋》三传（《左传》、《公羊传》、《谷梁传》），只有《礼记》仍用古注疏。这就使程朱理学由此被钦定为科举考试取士的准绳。而这一点，势必对元代整个学校教育造成深刻的影响。元代书院讲授的内容之所以主要是程朱理学，其源盖出于此。

这里还有必要提到一点：书院教学一向以个人自学为主，教师的讲学是与生徒的自学相辅相成的。元代书院继承了这一传统，并更加重视对生徒读书的具体指导。元代朱学派学者程端礼所著的《读书分年日程》就是这个方面的一个代表。

在《读书分年日程》中，程端礼依据朱熹门人所辑录的"朱子读书法"六条，将青少年的读书学习按年龄划分为以下三个阶段：

一是8岁入学以前，读《性理字训》，并辅之以《朱子童蒙须知》。

二是8～15岁，依次读《小学》书正文、《大学》经传正文、《论语》正文、《孟子》正文、《中庸》正文、《孝经刊误》、《易经》正文、《尚书》正文、《诗经》正文、《仪礼》与《礼记》正文、《周礼》正文、

《春秋》经与三传正文。

三是 15 岁入学以后，先以三四年工夫，依次读《大学章句或问》、《论语集注》、《孟子集注》、《中庸章句或问》、《论语或问》（抄读其中合于《集注》者）、《孟子或问》（抄读其中合于《集注》者）、《周易》（抄读）、《尚书》（抄读）、《诗经》（抄读）、《礼记》（抄读）、《春秋》（抄读）。然后每 5 日内以 2 日背温玩索上述各书，夜间温看性理书籍，并依次读《资治通鉴》、韩愈文、《楚辞》。20 岁后，再以二三年之功专力学作科举文字。其课程为：读看近人经问文字九日，作一日；读看近人经义文字九日，作一日；读看古赋九日，作一日；读看制诰、章表九日，作一日；读看策九日，作一日。与此同时，在每日早饭以前，仍须背温玩索四书经注与或问、本经传注、诸经正文，并温看史书、韩愈文、《楚辞》。

这一《读书分年日程》是在吸收、总结了以往包括书院教育在内的儒学教育经验的基础上提出来的。它的出现，又为后来的儒学教育，特别是书院教育提供了具体的指导。事实上，明代以后的多数书院，在课程安排上，都曾不同程度地采用了这一《读书分年日程》。

还应说明的是，元代有的书院还设有专门学科，如鄱阳的鄱江书院设有蒙古学，鄄城的历山书院设有医学等。

（3）元代书院的供祀。元代书院在供祀方面的主要特点是，尤为重视供祀宋代的程朱派理学家。这同元朝政府对程朱派理学家的推尊是密不可分的。还在元太宗时，由行中书省事杨惟中所建立的太极书院，于设祠供祀理学开山周敦颐的同时，即以二程、张载、杨时，游酢、朱熹"六君子"从祀。直到至正二十二年（1362 年），元朝政府还曾允准胡瑜的建议，追封杨时为吴国公，李侗为越国公，胡安国为楚国公，蔡沈为建国公，真德秀为福国公，并明文规定，其人若无子孙，应在其故旦的州县学与书院祠堂内予以供祀。正是在元朝政府的一贯倡导下，元代书院的供祀对象自然以宋朝的程朱派理学家为多。

元代有些书院中，一些元儒也受到供祀。被供祀的元儒有金履祥、许衡、杨恭懿（1225～1297 年）、刘因、吴澄、许谦、虞集等。其中，有的书院还是以元儒为主祀的书院。如咸宁鲁斋书院与鄞县鲁斋书院均祀许衡，房山文靖书院祀刘因，崇仁草庐书院祀吴澄。

应当提到的是，伴随着书院的官学化，这一时期书院的祭祀典礼亡受到元朝政府的直接关注。早在中统二年，忽必烈就曾在诏旨中规定，地方官应于每月初一日在书院举行"释奠"礼。成宗即位以后，又颁诏命各地书院于"春、秋二丁"（即按照干支纪日，春、秋二季的两个丁日）与每月的初一、十五日举行祭祀典礼，从而使书院的祭祀活动比南宋时期更加制度化了。

（4）元代书院的藏书与刻书。元代书院也很重视藏书。这一时期，藏书万卷以上的书院有长社（今河南许昌）的颍昌书院、鄄城的历山书院、嵩州（今河南嵩县）的伊川书院、乐平的冠山书院等。著名的太极书院也藏书 8000 余卷。有的书院还藏有著名著作的板片，如南丰书院便藏有曾巩著作的板片。

应附带提到的是，这一时期，各书院刻印图书的活动比之南宋时有了更大的发展，主要表现在有刻书活动的书院显著地增多了。这一时期书院所刻的书有：元世祖至元二十年（1283 年）兴贤书院所刻王若虚《滹南遗老集》45 卷；大德三年（1299 年）广信书院所刻辛弃疾《稼轩长短句》12 卷；大德十一年（1307年）梅溪书院所刻《校正千金翼方》30 卷、《目录》1卷；延祐二年（1315 年）圆沙书院所刻董楷《周易程朱先生传义附录》20 卷，程颐《程子上下篇义》1 卷，朱熹《朱子易图说》1 卷、《周易五赞》1 卷、《筮仪》1 卷；泰定元年（1324 年）西湖书院所刻马端临《文献通考》348 卷；至顺四年（1333 年）龟山书院所刻李心传《道命录》10 卷；至正十一年崇川书院所刻李廉《春秋诸传会通》24 卷；至正二十年（1360 年）屏山书院所刻陈傅良《止斋先生文集》52 卷；至正二十五年豫章书院所刻罗从彦《豫章罗先生文集》17 卷；至正二十六年（1366 年）南山书院所刻《广韵》5 卷等。

元代有刻书活动的书院中，以仁和（今浙江杭州）的西湖书院最为出名。因为该书院位于南宋国子监旧址，原藏有许多书板，便于刊行。元代的书院本刻书，由于山长多暇，勤于校勘及书院有官府支持，不惜经费，故颇有精本。

（5）元代书院的建筑结构与经费收支。典型的元代书院，主要建筑与南宋相同。但拥有藏书楼等专用藏书建筑的书院为数尚不是很多。

在经费收入方面，元代书院主要依靠学田的田租。这一时期的书院学田，既有官府拨的，也有私人捐的。学田在千亩以上的书院有丹徒淮海书院、常熟文学书院、南阳诸葛书院、上海清忠书院、滕县性善书院、上饶白石书院等。其中，淮海书院有学田19200多亩，文学书院与诸葛书院的学田也都在4000亩以上。同南宋一样，除了学田的田租收入外，有的书院还有其他项目的收入。如上党的雄山书院除有200亩学田的田租收入外，还有10000株松树的林业收入；邹县子思书院则以钱万缗向民间放贷，收取利息。

至于经费支出方面，元代书院的支出主要用于书院管理人员与生徒之所需以及书院的祭祀费用等。

六 明代的书院

明代书院的发展概况

（1）洪武至天顺（1457～1464年）间书院的沉寂。

元至正二十八年（1368年）正月，朱元璋即帝位于应天府（今江苏南京），定国号为大明，建元洪武。同年八月，明军攻占大都，结束了元朝的统治。

明初的封建统治者从巩固自身统治的需要出发，十分重视培养与网罗人才。为此，他们大力兴办官学，并提倡科举。

在发展中央官学方面，还在至正二十五年，也就是朱元璋即吴王位后的第二年，便改应天府学为国子学。洪武十五年（1382年）又改建国子学于应天鸡鸣山下，继而又改国子学为国子监。国子生享有十分优厚的待遇：政府供给吃穿所需，逢年过节赏赐"节钱"，已婚者养其眷属，未婚的历事生（即国子监派往诸司学习吏事的监生）赐钱使之婚聘，回乡探亲者发给路费。永乐元年（1403年），又设京师国子监。永乐十八年（1420年）迁都北京后，以原京师国子监为南京国子监，使国子监有南北之分。

在发展地方官学方面，朱元璋于洪武二年（1369年）曾谕令各地皆立学校，府、州、县学随之普遍设立。这类学校的学生也同样受到优厚的待遇：官府供给廪米，供给鱼肉。洪武八年（1375年），朝廷又曾命地方官府在各地建立社学，以教授民间子弟。其中的优秀者，一度还允许补为儒学生员。

至于科举制度，更是备受明初统治者的青睐。朱元璋早在即吴王位的当年，就曾下达过设文、武二科取士的命令。洪武三年（1370年），又颁诏宣布，自该年八月起，特设科举，规定中央与地方的文官一概以科举为进身之阶，未经参加科举者不得授官。在这一诏书颁布后，京师、行省分别举行乡试。次年举行会试，取中120名。朱元璋亲制策问，试于奉天殿，授第一名以礼部员外郎之职，其余也分别授以官职。当时因明王朝刚刚建立，缺少官吏，政府还下令各行省连试3年，举人免去会试，直接赴京听选。后来因为这样所选取的多为后生少年，其实际办事能力大都较差，而于洪武六年（1373年）暂罢科举，改由地方官荐举贤才，予以录用。但实行了一段时间以后，发现并不理想，于是，洪武十五年便又重新恢复了开科取士。由此，每3年举行一次科举考试成为定制。洪武十七年（1384年），又命礼部将科举程式颁行全国，随之科举的地位愈来愈重要，而荐举则逐渐废而不用。永乐初年，内阁七人，不是翰林出身的占一半。到英宗时，局面已是："非进士不入翰林，非翰林不入内阁"（《明史·选举志二》），就连南、北两京的礼部尚书、侍郎及吏部右侍郎，不是翰林出身的也同样不能担任。所以，无怪乎后人说明朝"科目（分科取士的名目，明只设进士一科）为盛，卿相皆由此出"。

一方面，由于明初统治者把发展文教事业的重点放在了兴办官学与提倡科举方面，对书院的教育自然不予重视，也无暇顾及。另一方面，由于一般士子为官学的优厚待遇与科举的锦绣前程所吸引，对书院的兴趣大减。所以，从洪武到天顺的近百年间，书院的发展十分缓慢，显得比较沉寂。

不过，这近百年间，书院也并非毫无兴举。例如，正统三年（1439 年），南康知府翟溥福等重建元末毁废的白鹿洞书院，新造了礼圣殿、明伦堂、三贤祠等建筑。但从有关资料来看，正统（1436～1449 年）、天顺间的白鹿洞书院，一直没有较大规模的教学活动，因此，这时的白鹿洞书院还谈不上真正的兴复。

应当提到，这一时期也新建了一些书院。如：洪武间建于长泰的龙津书院，永乐间建于万载的坞溪书院，宣德间建于高要（今广东肇庆）的崧台书院，正统间建于琼山的桐墩书院，景泰间建于浪穹（今云南洱源）的龙华书院，天顺间建于麻城的龙溪书院等。这类书院规模都不大，而且也不著名，所以并不能从总体上改变这一时期书院比较沉寂的局面。

（2）成、弘、正、嘉间书院的振兴以及嘉靖间对书院的禁毁。

成化（1465～1487 年）以后，科举制度日趋腐败，其最突出的表现是以八股取士，从而使一般士子把注意力完全集中在如何学作八股文，以猎取功名富贵。与此同时，官学也日益衰落。地方官学的教官，不仅缺员甚多，而且担当者多为岁贡生（举人一般不愿就职），不能胜任。在作为中央官学的国子监里，不仅国子生的人数比明初锐减，岁贡生也因需挨次而升，以致年老体衰者常占十之八九。加之明景泰以后曾实行纳赀入监，一些富家子弟交纳钱财便可直接成为监生，导致了国子监水平的下降，并败坏了士风。

在这种局面下，书院作为育才之地的作用又逐渐引起人们的重视。于是，自成化以后至嘉靖（1522～1566年）时，书院又逐渐兴起。

首先是一些著名书院相继兴复，再度振兴。

白鹿洞书院 成化初年，江西提学佥事李龄命南康知府何浚对该书院重加修葺，并聚集生徒，延聘名师，展开了较大规模的教学活动，使该书院真正兴复。此后，弘治（1488～1505年）、正德（1506～1521年）、嘉靖年间，该书院还曾不断进行过修葺与扩建。

岳麓书院 成化间，长沙知府钱澍重修了岳麓书院。弘治七年（1494年），长沙府通判陈钢又对该书院进行了修复。其继任李锡与长沙知府王瑶以及府同知杨茂元等，还在弘治间为该书院增建房舍，增置学田等，从而使该书院再度振兴，并在此后的正德、嘉靖年间又相继有所扩建。

嵩阳书院 该书院自金、元以来，曾长期废弃。嘉靖间，登封知县侯泰进行了兴复工作。

　　其次是新建了一大批书院，特别是在嘉靖年间，书院的发展盛极一时。

　　这一时期新建立的书院有：建于成化年间的澄迈的秀峰书院、南阳的志学书院、辉县的百泉书院、益都的松林书院；建于弘治年间的河津的文清书院、辽东都司（今辽宁辽阳）的辽左书院、三原的宏道书院、杭州的万松书院；建于正德年间的龙场驿（今贵州修文）的龙冈书院、进贤的征士书院、安邑（今山西运城）的河东书院、成都的大益书院、无锡的二泉书院、南海（今广东广州）的大科书院、新淦的金川书院；建于嘉靖年间的应天的新泉书院、解州（今山西运城西南）的解梁书院、会稽的阳明书院、广德的复初书院、六安的格致书院（后改名龙津书院）、德化的肆武书院、青阳的阳明书院、江都（今江苏扬州）的甘泉书院、宣化（今广西南宁）的敷文书院、杭州的天真精舍（后改名天真书院）、苍梧的岭表书院、安福的复古书院、衢州的衢麓讲舍、贵阳的阳明书院、陇西的崇义书院、秀水（今浙江嘉兴）的闻湖书院、宁夏卫（今宁夏银川）的养正书院、青田的混元书院、新会的象山书院、沅陵的虎溪精舍（后改名阳明书院）、曲江的明经书院、泾县的水西书院、南昌的正学书院、宣城的志学书院、衡山的白沙书院、番禺（今广东广州）的白云书院、永康的五峰书院、蕲州的崇正书院、全椒的南谯书院、衡山的东廓书院、丰城的罗山书院、渭南的酒西书院、嵊县的慈湖书院、禹州（今河南禹县）的白沙书院、上饶的闻讲书院、沅州（今湖南芷江）的文清书院、南昌的罗源书院、真定（今河北正定）的恒阳书院等。

这里有必要指出，书院在这一时期的振兴，特别是在嘉靖年间达于极盛，是同心学派的理学家们所起的作用密不可分的。就拿上面所提到的书院来说，南海大科书院、应天新泉书院、衡山白沙书院、番禺白云书院均系江门心学即白沙学派的创始人陈献章（1428～1500年）的大弟子湛若水（1466～1560年）所建；龙场驿龙冈书院、宣化敷文书院系姚江心学即阳明学派的创始人王守仁（1472～1528年）所建；广德复初书院、安福复古书院、衡山东廓书院的创建人邹守益（1491～1562年）与衢州衢麓讲舍、丰城罗山书院的创建人李遂，均为王守仁的门人；六安格致书院的创建人欧阳德（1496～1554年），杭州天真精舍的创建人薛侃（？～1545年）、钱德洪（1496～1574年）、王畿（1497～1582年），青田混元书院的创建人范引年，沅陵虎溪精舍的创建人徐珊，曲江明经书院的创建人陈大伦，永康五峰书院的创建人应典、周桐，全椒南谯书院的创建人戚贤（1492～1552年），渭南湭西书院的创建人南大吉（1487～1541年），也均为王守仁的门人；会稽阳明书院的创建人也是王守仁的门人；秀水闻湖书院的创建人沈谧是王守仁的私淑弟子；南昌正学书院的创建人王宗沐（1523～1591年）是欧阳德的弟子，属于"浙中王门"；蕲州崇正书院的创建人之一沈宠系欧阳德与王畿共同的弟子，属于"南中王门"。

这一时期，心学派的理学家们创建书院的活动，事实上并不以以上所提到的为限。如湛若水还曾在江浦建新江书院，在南海建云谷书院，在番禺建天关书院，在增城建明城书院、独冈书院、莲花书院。王守仁的弟子方献夫（？～1541年）曾在南海建石泉书院。湛、王共同的弟子蒋信（1483～1559年）曾在贵州建正学、文明二书院。这一时期心学派的理学家们在创建书院的同时，还曾修复或重建过一些书院。如：王守仁于正德间曾在赣州修濂溪书院，南大吉于嘉靖三年（1524年）曾在会稽扩建稽山书院，王守仁的另一位门人张元冲（1502～1563年）于嘉靖间任江西布政使时曾参与重建怀玉书院，王宗沐于嘉靖间任江西提学副使时也曾修过白鹿洞书院。正是这些心学派的理学家们创建与兴复书院的活动，特别是王守仁与湛若水在这方面所做的努力起了重要的倡导作用，才有力地推动了书院的发展，成为明朝书院建设在嘉靖年间达到极盛的关键性因素。

这一时期，心学派的理学家们之所以热衷于创建与兴复书院，并不是偶然的。我们知道，自南宋末年以来，朱学在思想领域长期居于统治地位。永乐年间，明成祖命人以程朱理学为准绳，纂修《五经大全》、《四书大全》、《性理大全》三书，颁行天下，作为科举考试的标准教本，表明了朱学在思想领域的统治已达到顶点。然而，与此同时，也在思想领域造成了严重的墨守之风，并使朱学日趋固陋空疏、烦琐支离。正是在这种状况下，与朱学同时产生于南宋，但却长期晦而不彰的心学得以重振旗鼓，乘势而兴，出现了明朝心学的两大派别，即江门心学与姚江心学。由于当时的官学完全是程朱理学的一统天下，所以，很自然地，心学派的理学家们便把书院视为从事研讨与传播心学的基地。这就是湛若水与王守仁及其弟子们那样热衷于创建与兴复书院的原因所在。

还应提到，就在嘉靖年间书院建设达于极盛的局面下，明朝政府曾连续两次禁毁书院：第一次是在嘉靖十六年（1537 年）。这年二月，御史游居敬上疏弹劾湛若水"倡其邪说，广收无赖，私创书院"（《续文献通考》卷五十），要求予以禁毁。于是，世宗下令废除各处书院。第二次是在嘉靖十七年（1538 年）。这年四月，吏部尚书许讚上奏，以地方官建立书院耗费财力等为由，再次要求禁毁书院。世宗又下诏从其所言。

不过，由于书院在当时影响很大，这两次禁毁并没有阻止书院的发展。实际上，嘉靖十七年后，直到嘉靖末年，各地仍在继续不断地兴建书院。"虽世宗力禁，而终不能止"（沈德符《万历野获编》卷二十四）。

（3）隆庆以后书院的发展及其所受禁毁。

这一阶段大体上可分为前后两个不同的时期。

第一时期，隆庆元年（1567 年）至天启四年（1624 年）。总的来看，书院的发展还是比较快的，表现为又新建了一批书院。如建于隆庆（1567～1572 年）间的海澄（今福建龙海）清漳书院、永城太丘书院、蒙自见湖书院，建于万历（1573～1619年）间的新兴筠城书院、奉节仰高书院、青田新建书院、休宁还古书院、徐闻贵生书院、沧州天门书院、邵武九曲书院、嘉定明德书院、华阴太华书院、西安关中书院、历城（今山东济南）历山书院、苍梧梧阳书院、安福识仁书院、德化阳明书院、嵊县海门书院、乐平洎阳书院、镇原正学书院、元氏文清书院，建于天启（1621～1627年）初年的北京首善书院、安邑弘运书院等。

当然，这一时期书院的发展也不是一帆风顺的。万历七年（1579年）后的两三年间，书院曾又一次遭受过禁毁。而这次禁毁则是由张居正（1525～1582年）发起的。

张居正，字叔大，号太岳，江陵人。嘉靖二十六年（1547年）中进士后，曾任翰林院编修，右春坊右中允兼国子监司业、侍讲学士等，隆庆元年入阁，万历元年（1573年）出任首辅。他对于正德、嘉靖以来在书院中兴起的心学教育深为不满。万历三年（1575年），他在《请申旧章饬学政以振兴人才疏》中就曾指责这种心学教育"空谈废业"（《张太岳集》卷三十九），主张再不许创立书院。正是在他的策动下，万历七年正月，明王朝正式颁诏禁毁天下书院。此次对书院的禁毁，比嘉靖间的那两次规模更大，措施更严，有一批书院曾相继遭到废毁的厄运。如绍兴的五云书院、贵溪的玉溪书院、建阳的云庄书院与瑞樟书院、杭州的天真精舍、安邑的河东书院、玉山的怀玉书院、南海的大科书院、长清的愿学书院、岑溪的桔园书院、吉水的仁文书院、大庾（今江西大余）的道源书院、婺源的紫阳书院、建阳的横渠书院、成都的大益书院、益都的松林书院、真定的恒阳书院、太原的河汾书院、叶县的问津书院、武进的龙城书院、宣化的敷文书院等。

不过也要看到，张居正此次禁毁书院之举，在具体执行中，因为受到强大的阻力而大打折扣。这主要表现在以下两点：一是有些书院因地方官吏据理力争而未被禁毁，或只受到部分损失。如：杭州的万松书院因浙江巡按御史谢师启与提学佥事乔因阜上疏奏陈该书院奉祀孔子，不应当毁弃而得以保存；长泰的文公书院因知县方应时以该书院奉祀朱熹为由请求免予禁毁，也得以保存；白鹿洞书院因江西巡抚邵锐力陈该书院有皇帝所赐的匾额，不便拆毁，而使书院本身与少部分供应祭祀所需的学田也得以保存了下来。二是有些书院采取改头换面的方式也得以保存。如贵溪的象山书院改名为象山祠，安福的复古书院改名为三贤祠。此外，也有些书院因为地理位置比较偏僻而未被毁废。

万历十年，张居正去世。此后，书院的兴建活动又继续展开。与此同时，一些被禁毁的书院也相继修复。如：万历十一年（1583 年），吉水的仁文书院重建；万历十二年（1584 年），绍兴的五云书院重建；万历十三年（1585 年），建阳的云庄书院与瑞樟书院兴复；万历二十一年（1593 年），太原的河汾书院恢复（改名为三立祠，即三立书院）；万历四十三年（1615年），婺源的紫阳书院重建。因此，万历年间，书院的数量实际上还是很多的。仅以新建书院的数量而论，万历间在明代中仅次于嘉靖间占第二位（参见曹松叶《宋元明清书院概况》）。这就表明，张居正的禁毁书院之举，不过是这一时期书院发展过程中一个短暂的插曲而已。

第二时期，天启五年（1625年）至崇祯（1628~1644年）末年。天启五年，在明代历史上发生了第四次禁毁书院的事件。这次禁毁，就其起因而言，主要同东林书院与"东林党"有关，对此有必要略加说明。

我们知道，宋人杨时曾讲学于无锡的东林书院。该书院位于无锡城东南，久已倾废。明成化间，邵宝（1460~1527年）曾另建东林书院于无锡城南的泰伯渎上，后又倾圮。万历三十一年（1603年），罢官家居的顾宪成（1550~1612年）与高攀龙（1562~1626年）倡议重建东林书院，得到了当地一些士大夫的响应与地方官吏的支持。万历三十二年（1604年）十月，该书院重新建成。顾宪成向有关人士发出《会讲东林书院公启》，定于当月九日至十一日在书院讲堂举行大会，由此再度拉开了东林书院讲学活动的帷幕。

以顾宪成、高攀龙为代表的东林诸子，不满正德以来姚江心学盛行一时的局面，以复兴朱学，上继周、程为己任，通过书院的讲学活动，逐渐形成一个学术流派，即历史上有名的东林学派。这一学派中人对当时政治腐败的状况深为不满，因而倡导关心国事，并往往在讲学的同时评议朝政、臧否人物，因此影响愈来愈大。一些在政治上失意的士大夫"闻风响附"，纷纷前来参加讲会，以致书院的学舍无法容纳。不少朝中的官员也和他们互通声息，遥相呼应，从而汇合为一支政治力量，被称为"东林党"。

从万历到光宗时，东林党人同朝中分别由浙江、山东、湖广（湖南、湖北）、宣城、昆山籍官僚结成的"浙党"、"齐党"、"楚党"、"宣党"与"昆党"进行了长期的"党争"。东林党人在这种党争中所提出的主要主张有：要求改革朝政，整肃吏治，体恤商人，反对矿监、税使的恣意搜刮等。

光宗死后，东林党人一度在朝中得势，但出身无赖的宦官魏忠贤（1568～1627年）与熹宗乳母客氏相勾结，深得熹宗的宠信。加之，那些反对"东林党"的官僚纷纷向他投靠，其势力迅速膨胀，形成"阉党"。由于魏忠贤凭借"阉党"的势力擅权乱政，朝政更加黑暗。天启四年，东林党人、副都御史杨涟（1572～1625年）二疏弹劾魏忠贤24大罪，高攀龙的弟子、吏科都给事中魏大中（1575～1625年）与御史袁化中等70余人也上疏弹劾魏忠贤的劣迹，结果杨涟、魏大中等数十人先后遭到罢斥，从而使东林党人在朝中失势；而魏忠贤则愈发权倾朝野，一手遮天。

为了向魏忠贤献媚讨好，"阉党"成员编造了《同志录》、《东林点将录》等有关东林党人的黑名单（有的并非东林党人，只是因为不肯依附魏忠贤，也被列名其中），以供魏忠贤按名捕杀、罢黜。于是，魏忠贤

于天启五年大兴党狱，先将杨涟、左光斗（1575～
1625年）、魏大中，袁化中、周朝瑞、顾大章逮捕下
狱，给他们强加上收受贿赂的罪名，严刑逼供，以致6
人相继惨死狱中。同年十二月，魏忠贤又将编入东林
党人姓名（共309名）的《东林党人榜》公布于天下，
凡列名榜上者，在世的革去官职，去世的追夺官爵。
次年又命人逮捕高攀龙、周起元、周顺昌（1584～
1626年）、缪昌期（1562～1626年）、黄尊素（1584～
1626年）、李应升（1593～1626年）、周宗建（1582～
1626年）等。一时间，东林党人或被杀害，或被迫自
尽，或被免官，或被充军，受到十分惨重的打击。与
此同时，魏忠贤怀疑所有书院均为东林同党，为了从
根本上打击东林党并剪除异己，他于天启五年八月假
托皇帝的旨意，命"毁天下东林讲学书院"（《明史·
熹宗纪》），从而使书院发展严重受挫。

在这次对书院的禁毁活动中，东林书院遭到毁灭
性的破坏。到天启六年（1626年）时已成为一片瓦
砾。所废毁的书院，见诸于记载的还有常熟的虞山书
院，宜兴的明道书院，西安的关中书院，进贤的钟陵
书院与征士书院，高安的筠阳书院，吉水的仁文书院，
浮梁（今江西景德镇北）的双溪书院，乐平的泗阳书
院，黟县的碧阳书院、中天书院与林历书院，休宁的
还古书院等。

在这场由"阉党"发起的，以打击东林党人为主
要目的的活动中，东林党人不畏强暴，宁死不屈，视
死如归，"一堂师友，冷风热血，洗涤乾坤"（《明儒

学案》卷五十八），同"阉党"进行了顽强的斗争。就是在东林书院被拆毁以后，有些人仍继续坚持到书院废址从事讲习活动，表现出对"阉党"嚣张气焰的蔑视。同时，东林党人的反"阉党"斗争也不是孤立无援的。例如，周顺昌被捕时，愤怒的苏州市民聚众数万，当场打死魏忠贤所派缇骑（逮捕犯人的禁卫吏役）一人，其余缇骑狼狈逃窜。这次事件突出地表明，阉党的倒行逆施激起了人民群众的强烈义愤。

天启七年（1627年）秋，崇祯帝（1611～1644年）即位，魏忠贤被罢黜，安置凤阳，中途畏罪自缢。随后，"阉党"迅速崩溃，其主要成员分别受到惩处，而东林党人则被重新起用。崇祯元年（1628年），朝廷还批准了御史刘士佐关于恢复天下书院的请求，于是，一些被毁的书院又逐渐恢复。如：东林书院于崇祯二年（1629年）重建；休宁还古书院、常熟虞山书院、吉水仁文书院分别于崇祯元年、崇祯六年（1633年）、崇祯十五年（1642年）修复。此外修复的还有西安关中书院等。与此同时还新建了一些书院，如醴陵的超然书院、英德的桃溪书院、会稽的证人书院、余姚的姚江书院、临高的通明书院、曲周的公善书院等。

以上我们叙述了明代书院的发展概况，这里还有必要补充说明两点：第一，明朝时，在今江西，浙江、广东、福建、湖南、湖北、河南、云南、山东、山西、安徽、江苏、河北、广西、陕西、海南、贵州、四川、甘肃、辽宁、宁夏、北京、上海、重庆等地区都有书院分布。其中，新建书院较多的是今江西、浙江、广东等省。第二，在明代书院建设中，官力上升为主要力量，民力则降为次要地位。

2 明代书院的著名师生

明代书院的著名讲学者或主持人有胡居仁（1434～1484 年）、湛若水、王守仁、李梦阳、马理（1474～1555 年）、吕柟（1479～1555 年）、何景明（1483～1521 年）、王艮（1483～1541 年）、邹守益、钱德洪、王畿、罗汝芳（1515～1588 年）、吴国伦、李贽（1527～1602 年）、汤显祖（1550～1616 年）、顾宪成、邹元标（1551～1624 年）、冯从吾（1556～1627 年）、高攀龙、刘宗周（1578～1645 年）、黄道周（1585～1646 年）等。

胡居仁，字叔心，学者称敬斋先生，余干人。系明初著名理学家吴与弼（1391～1469 年）的弟子，学以程朱为宗。曾相继应江西提学金事李龄与江西提学副使钟成的聘请，主讲白鹿洞书院，又曾讲学于贵溪的桐源书院。著有《居业录》。

湛若水，字元明，号甘泉，增城人。中举人后，受业于陈献章。弘治进士。由翰林院编修历官至南京礼、吏、兵三部尚书，以年老致仕。他认为"天理"为人人所固有，主张"随处体认天理"（《甘泉文集·四勿总箴》），即通过自我反省来认识"天理"，并身体力行。他生平随足迹所至，到处建立书院以奉祀陈献章，到处讲学、授徒，弟子遍于天下。以他为代表的学派被称为甘泉学派（又称白沙别派）。他曾讲过学的书院，见诸于记载的有南海的大科书院、歙县的斗山书院、黟县的中天书院、贵池的会华书院、应天的新泉书院、衡州的石鼓书院等。其著作有《春秋正传》、《二礼经传测》、《甘泉文集》等。

王守仁，字伯安，学者称阳明先生，余姚人。弘治进士。初任刑部主事，后改任兵部主事。正德初，因上疏反对宦官刘瑾（？～1510年），被贬到贵州，做龙场驿丞。刘瑾死后，他被起用，由庐陵知县历官至南京兵部尚书，并被封为新建伯。他继承并发展了陆九渊等人的心学学说，建立了一个主观唯心主义的心学体系。他认为"心"外无物、无事、无理；在知行关系上，反对朱熹的"知先行后"说而提出"知行合一"说，把人的"一念发动"等同于"行"；又提出"致良知"说，认为"良知"即是"天理"，为人人所先天同具，要求人们消除私欲的障蔽，恢复内心固有的"天理"，并依照"良知"去处理各种事物，使自己的一言一行都符合封建伦理道德规范的要求。他一生中除做官外，还曾长期从事教育活动，积累了丰富的教学经验，所以在教育方面曾提出过一些有价值的见解，如强调独立思考、因材施教以及反对"鞭挞绳缚"学童，主张根据儿童的心理特点与接受能力来进行教育等。他曾讲学于会稽的稽山书院，不少士子远自江西、广东、湖广、南直隶（今江苏、安徽）等地前来受业。他还曾讲学于贵阳书院与宣化的敷文书院等处，著作被门人辑为《王文成公全书》。

李梦阳，字献吉，又字天赐，号空同子，庆阳人，后迁居扶沟。弘治进士。任户部郎中时，因反对宦官刘瑾，被下狱。刘瑾死后，被重新起用，任江西提学副使，又因事革职。能诗文。因对永乐以来盛行的"台阁体"诗文不满，倡导文学复古运动，主张文章学秦、汉，古诗学汉、魏，近体诗学盛唐。为"前七子"之一。任职江西时，曾讲学于白鹿洞书院。著有《空同集》。

马理，字伯循，号谿田，三原人。弘治间，师事三原学派创始人王恕（1416～1508年）之子王承裕（1465～1538年）于宏道书院。正德进士。历官吏部稽勋司主事、稽勋考功郎中、南京光禄卿等。学宗程朱。曾讲学于嵯峨精舍与商山书院。著有《四书注疏》、《周易赞义》、《尚书疏义》等。

吕柟，字仲木，号泾野，高陵人。早年师事明初著名理学家、河东学派创始人薛瑄（1392～1464年）的三传弟子薛敬之，又曾读书于正学书院。正德进士。由翰林修撰历官至南京礼部右侍郎。学宗程朱，以重视躬行著称。他曾讲学于云槐精舍、解梁书院等处，从学者甚众。著有《泾野子内篇》、《泾野集》等。

何景明，字仲默，号大复山人，信阳人。弘治进士。由中书舍人历官至陕西提学副使。诗文与李梦阳齐名，二人同为"前七子"的领袖。任职陕西时，曾讲学于正学书院。著有《大复集》。

王艮，字汝止，号心斋，泰州安丰场（今江苏东台）人。七岁读书乡塾，因贫辍学，曾为灶丁，又做过商贩。后师事王守仁于南昌、会稽。归里后，乘自制小车北上，沿途讲学。至京，被欧阳德等劝归，仍赴会稽，从王守仁同学于稽山书院。王守仁去世后，还乡授徒。他提出"百姓日用即道"（《明儒学案》卷三十二），以百姓的日常生活作为衡量"道"的标准；又创"淮南格物"之说，将"格物"的"格"解释为"格式"的格，认为安身立本是安国安天下的根本。由他创立的学派被称为泰州学派。他曾讲学于广德的复初书院，泰州的安定书院、东淘精舍等处。著作先后被编为《心斋王先生全集》、《明儒王心斋先生遗集》。

邹守益，字谦之，号东廓，安福人。正德进士。由翰林院编修历官至南京国子祭酒。正德间，他师事王守仁于赣州，后被视为"江右王门"中得王学嫡传的主要代表人物。其学以恪守师说为特征。他曾讲学于宁国的凤山书院，当地有不少人从他受业。此外还曾讲学于广德的复初书院、杭州的天真书院、衡山的石鼓书院等处。著有《东廓集》。

钱德洪，名宽，字德洪，后以字行，改字洪甫，号绪山，余姚人。师事王守仁于会稽。当时，由于从各地到会稽来学习的人很多，王守仁往往让他与王畿代为辅导，所以被称为教授师。他于嘉靖年间中进士。历任苏学教授、国子监丞、刑部员外郎等。致仕后，在野30年，周游四方，致力于传播王学。他曾与王畿一起，代王守仁主持其在会稽的书院，后又曾讲学于天真书院、紫山书院、怀玉书院等处。著有《绪山会语》、《平濠记》，编有《王文成公年谱》。

王畿，字汝中，号龙谿，山阴人。受业于王守仁。嘉靖进士。做过南京职方主事、武选郎中，因被大学士夏言（1482～1548年）斥为"伪学"而辞官。在野40余年，足迹遍及东南地区，致力于传播王学，但讲说中夹杂禅机。他曾讲学于天真书院、怀玉书院、白鹿洞书院、慈湖书院、瀛山书院等处。著作有《龙谿全集》。

罗汝芳，字惟德，号近溪，南城人。受业于王艮的弟子颜钧。嘉靖进士。历官太湖知县、宁国知府、云南屯田副使等。他是泰州学派的代表人物之一，认为"赤子之心"即是"天理"，"仁"为人人所同具。曾讲学于宣城的志学书院。著有《一贯编》、《近溪子明道录》、《近溪子文集》等。

吴国伦，字明卿，兴国人。嘉靖进士。由中书舍人历官至河南左参政。能诗。与李攀龙（1514～1570年）等号"后七子"。曾主白鹿洞书院教事。著有《陈张本末略》、《甄甀洞稿》。

李贽，原名载贽，号卓吾，又号笃吾、宏甫，别号温陵居士、百泉居士，晋江人。回族。嘉靖举人。历官辉县教谕、南京国子监博士、姚安知府等。后辞官，寄居黄安、麻城，移居通州。万历三十年（1602年），被捕入狱，旋自杀。任职南京时，师事王艮之子王襞（1511～1587年）。他认为"六经、《语》、《孟》"（《语》、《孟》即《论语》、《孟子》）不是"万世之至论"（《焚书·童心说》），反对以孔子之是非为是非，抨击道学家口谈道德，而"志在穿窬"（穿壁逾墙，指偷盗行为）（《焚书·又与焦弱侯》），并提倡"童心"。他曾讲学于商城的花潭书院。著作有《焚书》、《续焚书》、《藏书》、《续藏书》等。

汤显祖，字义仍，号海若、若士，晚号茧翁，临川人。受业于罗汝芳。万历进士。历官南京太常博士、礼部主事、徐闻典史、遂昌知县。在文学方面，他反对前、后七子的拟古之风，认为文章应有"灵气"，同时也反对吴江派过分讲求音律的戏曲创作理论，主张戏曲应注重表现人情。生平于戏曲尤有造诣，由他开创的戏曲文学流派被称为玉茗堂派（又称临川派）。他曾讲学于徐闻的贵生书院。著有《紫箫记》、《紫钗记》、《还魂记》（即《牡丹亭》）、《南柯记》、《邯郸记》传奇五种（后四种合称《玉茗堂四梦》）及《红泉逸草》、《玉茗堂集》等。

顾宪成，字叔时，号泾阳，无锡人。万历进士。历官户部主事、桂阳州判官、吏部文选司郎中等。为学推尊朱熹，但对王学也有所肯定，并重视经世，留意时政。里居时，除曾讲学于东林书院外，还曾讲学于常熟的虞山书院等处。著作有《顾端文公遗书》、《泾皋藏稿》等。

邹元标，字尔瞻，号南皋，吉水人。万历进士。历官吏科给事中、兵部主事、左都御史等。早年师事胡直（1517～1585年），得王学之传。后于家居期间，曾聚徒讲学于仁文书院。又曾讲学于吉水的崇桂书院与京师首善书院。著作有《邹南皋语义合编》、《愿学集》。

冯从吾，字仲好，号仲墟，长安人。万历进士。由山西道监察御史历官至左副都御史。受学于许孚远（1535~1604 年），好周、程之学，对王学也有所肯定。曾讲学于关中书院、首善书院等处。著有《冯子节要》、《冯少墟集》等。

高攀龙，字存之，号景逸，无锡人。万历进士。由行人历官至左都御史。因揭发"阉党"崔呈秀被革职。天启六年，闻将被捕，投水自杀。他学宗程朱，但也受到王学的某些影响。曾与顾宪成等讲学于东林书院。顾宪成去世后，主持东林书院讲席。又曾讲学于首善书院。著有《春秋孔义》、《高子遗书》、《就正录》等。

刘宗周，字起东，学者称蕺山先生，山阴（今浙江绍兴）人。受业于许孚远。万历时，中进士，官行人。天启、崇祯间，由礼部主事历官至左都御史。南明福王政权建立后，仍任左都御史。因上疏言时政，不为所用，辞官归里。南京、杭州相继为清兵攻破后，绝食而死，生平对王学经历了怀疑、相信、反对三个阶段。对程朱的"理"先"气"后说及"义理之性"、"气质之性"说也持异议。他认为：充满于天地间的只有"气"；"理"即是"气"之理，绝对不会在"气"之先或"气"之外；"气质之性"即"义理之性"，"善则俱善"（《刘子全书·答王右仲州刺嗣爽》），并提倡"慎独"。他曾讲学于东林书院、首善书院与会稽证人书院。著作被编为《刘子全书》、《刘子全书类编》等。

黄道周，字幼平（或作幼玄），一字螭若，学者称石斋先生，漳浦人。天启时，中进士，官编修。崇祯间，官少詹事、江西按察司照磨等。南明弘光（1645年）时，授吏部左侍郎，升礼部尚书。南京失陷后，又被唐王授以武英殿大学士之职，率兵入江西，与清军战于婺源。兵败被俘，不屈而死。生平深研《易》学，并精于天文历数，对宋儒"气质之性"说尤持异议。曾讲学于漳州的邺山书院，从学者数百人。还曾讲学于余杭的大涤书院与漳浦的明诚堂。著作有《石斋先生经传九种》、《黄漳浦集》等。

明代曾在书院肄业的著名人物，除了上面提到的马理、吕柟、王艮以外，还有周冲、刘邦采、黄弘纲（1492～1561年）、吴承恩（约1500～1582年）、史桂芳（1518～1598年）、吴钟峦（1577～1651年）、陈龙正（1585～?）、华允诚（1588～1648年）、傅山（1607～1684年）、黄宗羲（详见本书清代部分）、吴尔壎、王夫之（1619～1692年）等。

周冲，字道通，号静庵，宜兴人。正德举人。由万安训导历官至唐府长史。曾从王守仁受业于赣州，并问学于稽山书院。又曾师事湛若水。著有《养正录》、《希颜日抄》等。

刘邦采，字君亮，号师泉，安福人。师事王守仁于稽山书院。嘉靖举人。曾任寿宁教谕、嘉兴同知。在王门后学中，他的学术思想以提倡"性命兼修"，注重践履修养功夫而独具特色。著有《易蕴》。

黄弘纲，字正之，号洛村，雩都（今江西于都）

人。正德举人。师事王守仁于赣州，被列为高等弟子，曾代王守仁辅导初来王门就学的士子。后又继续从学于稽山书院。王守仁去世后，出任汀州府推官，升刑部主事，后致仕归里。生平信守师说，对王门后学以意念之善为"良知"持异议。著有《黄洛村集》。

吴承恩，字汝忠，号射阳山人，山阳（今江苏淮安）人。曾肄业于当地的龙溪书院。屡试不第。嘉靖间，补岁贡生。后任长兴县丞，因被诬贪赃而罢官。暮年在家乡专心写作。生平博览群书，尤喜稗官野史与民间神话传说。著有著名长篇小说《西游记》与《射阳山人存稿》、《禹鼎记》。

史桂芳，字景实，号惺堂，鄱阳（今江西波阳）人。曾读书于白鹿洞书院，受教于陈献章的再传弟子傅明应。嘉靖进士。历官歙县县令、南京刑部主事、两淮盐运使等。著有《惺堂文集》。

吴钟峦，字峻伯，改字峦稺，号霞舟，武进人。从顾宪成、高攀龙受业于东林书院。崇祯进士。历官长兴知县、绍兴府照磨、桂林推官。弘光时，升礼部主事。赴任途中，听说南京失陷，转赴福建。鲁王起兵后，被任命为礼部尚书。清兵至宁波，他渡海至舟山，自焚于昌国孔庙。为学强调"实践"躬行。著有《周易卦说》、《十愿斋文集》等。

陈龙正，字惕龙，号几亭，嘉善人。师事高攀龙于东林书院。崇祯进士。授中书舍人，后降职为南京国子监丞。弘光时，被任命为礼部祠祭司员外郎。南京失陷后，绝食而死。著有《幾亭全书》。

华允诚，字汝立，号凤超，无锡人。师事高攀龙于东林书院。天启进士。授工部都水司主事，因不满魏忠贤秉政而辞官归里。崇祯时，出任营缮主事，升员外郎，后改任兵部员外郎。弘光时，曾任验封员外郎，旋告病还乡。顺治五年（1648年），因不肯薙发，被杀害于南京。著有《春秋说》、《四书大全参补》。

傅山，原名鼎臣，又名真山，字青竹，改字青主，又字公他、啬庐，号石道人、公之它等，阳曲人。20岁补廪生。后为山西提学佥事袁继咸所器重，选入三立书院肄业。袁受巡按张孙振诬陷，解京下狱。他联络本省生员赴京讼冤，使袁冤得昭。明亡后，出家为道士。曾因牵涉宋谦反清案而被捕，后获释。康熙间，被荐应博学鸿词科，他称病不往，地方官命人用床将他强行抬往京师。抵京后，被授中书舍人，以老病得以放归。生平博学多通，学术上，鄙视朱、陆之争，认为"气"在"理"先，对宋明理学多所批评。又重视子学研究，反对尊经轻"子"。工诗文，善书画，精篆刻，明医术。著作有《霜红龛集》等。

吴尔埙，字介子，号以白，崇德人。曾肄业于东林书院。崇祯进士，被选授庶吉士。明亡后，投奔督师史可法（1601～1645年），受命守御扬州新城。清军破扬州后，投井而死。著有《仁书》。

王夫之，字而农，号姜斋，学者称船山先生，衡阳人。崇祯举人。早年肄业于岳麓书院。明亡后，与管嗣裘举兵衡山，抗击清军。兵败后，赴南明永历政权的都城——肇庆。次年又往桂林，投奔瞿式耜（1590～1650

年），并一度返里。顺治七年（1650 年），为父丧守制期满后，至梧州，任永历政权行人司行人之职。因上疏弹劾权臣王化澄，遭到陷害，仍往桂林瞿式耜处，旋归里。后流亡转徙于邵阳、零陵、常宁、彬州等地，最后隐居于衡阳石船山，潜心撰述以终。为学私淑张载，生平深研经史、文学，旁涉天文、历算、舆地、典制沿革等诸多领域，并通训诂与佛、道之说，在继承和发展我国传统的朴素辩证法与唯物主义的基础上，建立了一个博大精深的思想体系，成为我国 17 世纪伟大的朴素唯物主义哲学家。他反对程朱的"理"先"气"后说，认为"理"依赖于"气"而存在，视宇宙为"气"的物质实体；又指出物质世界是运动变化的，并认为"动静皆动"（《读四书大全说》卷十），肯定运动的绝对性与静止的相对性；对程朱的"知先行后"说与王守仁的"知行合一"说均持否定态度，既指出"知"、"行"各有其效，不可相混，也指出"知"、"行"不可分割，二者互相推动，"相资以为用"（《礼记章句》卷三十一）；还认为人性"日生则日成"（《尚书引义》卷五），即与社会环境直接相关，否定先验的"义理之性"的存在。另外，在"道"、"器"关系上，他还指出"道"是"器"之道，无其"器"则无其"道"，肯定历史的进化发展。文学创作方面，诗、文、词曲无所不能。著作有《周易外传》、《尚书引义》、《读四书大全说》、《张子正蒙注》、《思问录》、《读通鉴论》、《黄书》、《噩梦》、《薑斋文集》等，多达 100 余种，后人辑有《船山遗书》。

明代书院的组织管理、
活动内容及其他

（1）明代书院的组织管理，主要表现在两个方面。

一是管理人员方面。明代书院的主持人也有"山长"、"院长"等称谓。和元代显著不同的是，明代书院的主持人一般不是学官，而是由地方官延聘或书院兴建者自任。也有的书院中曾出现过由学官兼管书院的事例。如正德年间，经江西巡按唐龙呈请，原兴化府教授蔡宗兖便曾被改授南康府儒学教授，并负责管理白鹿洞书院。后来，黄佐任南康府学训导时，管天衢任建昌县学教谕时，也都曾分别兼主白鹿洞书院教事。除了学官以外，也有身为典史、推官而负责管理书院的。如程文德（1497～1559年）被贬为信宜典史时，曾主管苍梧的吟表书院，吴国伦与李应升则都是在任南康推官时，负责白鹿洞书院教事的。

除山长外，明代书院的管理人员还有堂长、直学、会长、斋长等。这些人员的设置在各个书院不尽相同。

二是生徒方面。就生源论，明代书院既有像稽山书院、东林书院那样不以籍贯为限的书院，也有只教授本乡、本宗族、本地区生徒的书院；既有只选择"俊秀"者入院学习的书院，也有并不选择生徒的书院；既有专供生员肄业的书院，也有只招收儿童入学的书院。明代还出现了一种专供武臣子弟或武举人肄业的书院（前者如德化的肄武书院，后者如辽东都司的辽左习武书院）。在对生徒的管理方面，明代不少书院也是采用分斋制的。

在书院生徒的去向问题上，明代书院一般又恢复到与南宋书院类似的状况，即政府对书院生徒的去向不予过问。不过，这种状况至迟到明代末期，在一定程度上有所变化，主要表现是有的书院（如白鹭洲书院与白鹿洞书院）曾实行过这样一种办法，即每逢岁考与科考时，对该院肄业童生先期另考，取录一定的名额入儒学。这无疑应视为明朝政府对这类书院生徒去向的一种过问。但从现有资料来看，当时实行这种办法的书院还不多，而且这种过问，就其程度而言，也是不能与元朝政府对书院生徒去向的过问同日而语的。

（2）明代书院的教学。明代的绝大多数书院，就其主要教学活动而言，可以分为讲学式与考课式两种类型。

第一类，讲学式的书院。这类书院重在学术传授。其教材除主要为儒家经典外，一般还有理学家的著述。所讲授的内容，或为儒经经义，或为某派学说。如据载：段坚（1419~1487年）曾在志学书院讲说《五经》的要义，王守仁曾在稽山书院讲述"致良知"说，李应升曾在白鹿洞书院阐述朱熹的学说。

特别值得提到的是，有些书院在讲会制度方面有了充分的发展。

我们知道，讲会（即会讲）产生于南宋。明代中叶以后，伴随着湛若水、王守仁及其门人所从事的讲

学活动的展开，讲会盛极一时。明代的讲会是一种有
固定会期、有组织的活动。如王守仁去世后，其门人
薛侃等所建的天真精舍，每年都要在春、秋二季的第
二个月举行为期一月的讲会。永康的五峰书院、溧水
的嘉义书院也都定期举行讲会，后者参与讲会的人一
般都不少于百余人。这里有必要说明两点：一是就王
门后学而言，举行讲会，一般是为了阐明或发挥王守
仁学说的要旨，或相互就某些问题进行辨析。二是讲
会常常在书院以外举行，听讲者也往往不以书院生徒
为限。如嘉靖间，徐阶（1494～1574 年）曾在京师灵
济宫举行讲会，由欧阳德、聂豹（1487～1563 年）等
分别主讲，听讲者有数千人之多。而罗汝芳任宁国知
府时所举行的"开元会"，甚至犯人也能听讲。

　　明代的讲会，发展至东林书院时形成了著名的
《东林会约》。这个会约系由顾宪成于万历三十二年
（1604 年）秋东林书院重新建成时亲自制定，内容包
括以下四个部分。

　　其一，列举孔子、颜渊、曾参、子思、孟子的有
关语录，以明为学要旨。

　　其二，全文照录朱熹的《白鹿洞学规》（即《白
鹿洞书院揭示》），以示该学规也是东林讲会所要讲明
并遵行的基本规约。

　　其三，提出并论列，要讲明并遵行《白鹿洞学
规》，就必须"饬四要，破二惑，崇九益，屏九损"。

　　所谓"饬四要"，即告诫参与讲会者必须明确四个
有关为学的基本认识问题：一是"知本"，即要"识

性"，就是要求宗奉孟子所提出并为程朱所吸取的"性善"说，而反对信奉王守仁的"无善无恶是心之体"说。二是"立志"，即要求树立成为圣贤豪杰的志向。三是"尊经"，即要求尊崇六经、四书。四是"审几"，即要求反省参加讲会的动机是否端正。

所谓"破二惑"，指破除反对讲学的两种借口：一是说讲学"迂阔"而不切实际。二是说为学只要躬行就可以了，无须讲学。《会约》指出，这两种借口都是不能成立的。

所谓"崇九益"，即表彰举行讲会的九项益处：一是专以道义相切磨，以求渐渐达到圣贤的境地。二是不仅本地的缙绅之士与四方的名儒硕学届时莅临，而且老百姓与儿童也可听讲。三是与会人员依年龄长幼为序，森严排列，令人耳目一新，精神自奋。四是讲会上，"非仁义不谈，非礼法不动"，可以使人受到潜移默化的影响。五是无须到远方去寻师觅友，在讲会上即可从师友那里随时得到充分的教益。六是个人长期苦心钻研仍不能解决的问题，在与会者的启发下，顷刻便可得到解决。七是讲会可以使人追思既往，预筹将来，检点自己的不足之处，弃旧图新。八是讲会有助于使人深切感受到师友对自己的期望与厚爱，从而不妄自菲薄，聊自姑息。九是讲会能使人以"明道"为本，去创立学说、建立功业、树立名节。

所谓"屏九损"，指学者在讲会中应注意防止与克服的九种易犯的毛病：一是"鄙"，即比昵狎玩。二是"僻"，即党同伐异。三是"贼"，即假公济私。四是

"浮"，即议论是非短长。五是"妄"，即谈论暧昧不明及琐屑不雅、荒诞不经之事。六是"怙"，即文过饰非。七是"悻"，即当众切责人过，使其难堪。八是"满"，即问答之间，意见相左时，或不让人家把话说完，或强词夺理。九是"莽"，即道听途说，人云亦云。

其四，对讲会仪式作了详细的规定，主要内容如下。

一是"每年一大会"，或春或秋，临期酌定，提前半月发帖通知。"每月一小会"，除正月、六月、七月、十二月因严寒或盛暑不举行讲会外，二月、八月从第二个丁日开始，其余月份从十四日开始，会各3日，自愿参加，不必一一通知。

二是大会的第一天，将孔子像悬挂于讲堂。午时之初击鼓3声，与会者分别穿戴符合本人品级的冠服，先到孔子像前行四拜礼，然后到道南祠也行四拜礼，礼毕，入讲堂，分东西入座。顺序为，先外地府县，次本府，次本县（各以年龄大小为序），最后是会主。与会者到齐后，东西相对作揖2次。申时之末，击磬3声，东西相对作揖1次，再到孔子像前与道南祠行肃揖礼，然后退出。第二天、第三天，免去拜礼，一早一晚行肃揖礼，穿便服。举行小会时，二月、八月行大会第一天之礼，其余月份行大会第二天、第三天之礼。

三是大会每年推举一人为主，小会每月推举一人为主，周而复始。

四是大会设知宾 2 人。愿意参加讲会的，事先通知知宾，即载入"门籍"。举行讲会之日，客人来到门前，阍者（守门人）击木梆传报，由知宾引入讲堂。

五是每次讲会推一人为主，说四书一章。此外有问则问，有商量则商量，与会者均应虚心听讲，即使有自己的看法，也须等双方讲论已毕，另外提出。

六是讲会之日，久坐之后，应歌诗一二章，以活跃气氛，开发性灵。须互相倡和，反复体会，每章要歌唱数遍，以使心口融洽，神清气爽。

此外还规定：与会者的随从人员应于门外听候，不得入内，以保持会场安静；每会设一"门籍"，以便考查与会人参与讲会次数的多寡及其以后的状况；每次讲会，均设茶点，随意令人传递；对外府外县的与会者供应午饭、晚饭，以及与会者相聚，应省去繁文缛礼，以求实效等。

从上述可以看出，《东林会约》是一个体现了程朱派理学教育思想的讲会会约，它是在继承朱熹的《白鹿洞学规》，并吸收以往讲会经验的基础上制定出来的。它的产生，一方面表明了讲会的更加制度化，另一方面也反映出讲会已发展为书院教学与地区性（同时又不以地区范围为限）的社会学术活动紧密结合的一种组织形式。

第二类，考课式的书院。这类书院中，实行每月会文考课制度，称为月课。考课内容服从于科举制度的需要。如新兴的莲花书院、英德的桃溪书院、靖江的马洲书院、德兴的兴贤书院等，都属于这种类型的书院。

这里需要指出的是，明代讲学式的书院也不是绝对不进行考课。例如东林书院就有月课，只不过东林书院是以讲学活动为主罢了。

除了讲学式的书院与考课式的书院以外，明代那种专供武臣子弟或武举人肄业的书院中，教学活动的内容则以使生徒学习武经与熟习骑射为主。这也是应当予以说明的。

（3）明代书院的供祀。明代书院在供祀方面的主要特点是，书院的供祀对象不像元朝那样，只注重程朱派理学家，而是除了重视供祀程朱派理学家以外，也重视供祀心学派的理学家。这自然同明代正德以后心学派的兴盛密切相关。被供祀的心学派理学家，除了南宋的陆九渊、杨简等人与明朝的陈献章、湛若水、王守仁以外，还有王守仁的弟子王艮、程文德、邹守益、刘邦采、刘文敏、薛侃、范引年、欧阳德等以及王守仁的私淑弟子罗洪先（1504～1564 年）、欧阳德的弟子胡直等。明代书院还供祀本朝人物，除了上面已提到的诸人以外，还有练子宁（？～1402 年）、薛瑄、吴与弼、胡居仁、庄㫤、姚镆、邵宝、罗钦顺（1465～1547 年）、钱一本（1539～1610 年）、顾宪成、顾允成（1554～1607 年）、冯从吾、高攀龙、薛敷教、安希范、刘元珍（1571～1621 年）等。

在祭祀典礼方面，明代书院同南宋与元代一样，一般都有春、秋二祭。祀典分"释奠"与"释菜"两种，祭祀典礼也很隆重。如东林书院行"释菜"礼，用青菹、兔醢（或鱼醢）、枣、栗致祭，行"释奠"礼，则用羊、猪各一只、帛一段以及黍稷、稻粱等供祭；而无论"释奠"还是"释菜"，都要在致祭的前3日斋戒，前1日宿于书院之中；致祭时也都要宣读祝文。

（4）明代书院的藏书与刻书。雍正《陕西通志》卷二十七载：弘治间，陕西提学王云凤建书楼于西安府正学书院，"广收书籍"，以供生徒阅读。从有关资料来看，明代类似于正学书院这样重视藏书的书院为数不少。如方献夫在南海所建的石泉书院"藏书甚富"（《古今图书集成·方舆汇编·职方典》卷一三〇六）；陇州（今陕西陇县）的岍山书院藏书在万卷以上，经书与子、史类书籍皆备。有的书院还很重视藏书的质量，如大同的云中书院就曾挑选太原藩府所刻的善本书籍，购置于书院中。

与此同时，明代书院也刻印了许多图书。如洪武间蓝山书院所刻蓝智《蓝涧集》6卷；成化三年（1467年）紫阳书院所刻方回辑《瀛奎律髓》49卷；正德五年（1510年）宏道书院所刻吕大钧《乡约》1卷、《乡仪》1卷；正德十年（1515年）白鹿洞书院所刻司马迁《史记》130卷；嘉靖十年（1531年）义阳书院所刻何景明《大复集》26卷；嘉靖十五年（1536年）广东崇正书院所刻朱熹《四书集注》14卷；同年九峰书院所刻元好问《中州集》10卷、《中州乐府》1卷；嘉靖二十二年（1543年）芸窗书院所刻赵令畤《侯鲭录》8卷；嘉靖三十七年（1558年）汉东书院所刻章懋、董遵辑《诸儒讲义》2 卷；嘉靖间大梁书院所刻于谦《于肃愍公集》8 卷、《附录》1 卷；万历十九年（1591 年）籍山书院所刻唐慎微《经史证类大全本草》31 卷；万历三十四年（1606 年）明德书院所刻章黼撰、吴道长重订《重订直音篇》7 卷；万历间瀛山书院所刻金瑶《金粟斋先生文集》11 卷；万历末柳塘书院所刻李廷机选、叶向高注《新刻翰林评选注释程策会要》5 卷；崇祯十四年（1641 年）松风书院所刻桑拱阳《四书则》6 卷等。

（5）明代书院的建筑结构与经费收支。典型的明代书院，主要建筑同南宋与元代相似。不过，在国子监所设诸生宿舍称为号房（始于明初）的影响下，一些新建的书院往往将所建生徒肄业和居住之所也称为号房或号舍，而不再称为斋舍（但也有一些新建的书院仍将生徒肄业和居住之所称为斋舍）。与此同时，由于受明朝政府对府、州、县学生员，以礼、射、书、数分科设教的影响，除了专供武臣子弟或武举人肄业的书院以外，在一些一般书院中，也建有专供生徒习射所用的射圃。还应一提的是，建有藏书楼等专用藏书建筑的书院较之元代也明显增多了。

在经费收入方面，明代书院也主要依靠学田的田租。书院的学田，也是既有政府所拨的，也有私人所捐的。学田在千亩以上的书院有星子白鹿洞书院、玉山怀玉书院、善化岳麓书院等。其中，白鹿洞书院与怀玉书院的学田都有 3300 多亩。有的书院除学田外，还有房租等项收入。

在经费支出方面，明代书院的经费同南宋与元代一样，主要用于书院管理人员与生徒之所需以及书院的祭祀费用等。不过这里有两点需要说明：一是在供给生徒所需费用方面，明代有的书院曾从经费收入中拨出专项，作为参加科举考试的生徒的盘费等开销。如万历年间，南康知府袁懋贞便规定白鹿洞书院在科举年份，要给应考生员提供盘费银。二是明代有的书院曾实行过根据生徒在月课中所列等级分等赏银的办法，以激励生徒努力学习。

七　清代的书院

清代书院的发展概况

（1）清代初期的书院政策与书院概况。

明万历四十四年（1616年），女真贵族努尔哈赤（1559～1626年）即汗位于赫图阿拉（今辽宁新宾县境），国号大金（史称后金），后迁都沈阳。其子皇太极（1592～1643年）于天聪十年（1636年）称帝，并改国号为大清。顺治元年（1644年），清政权乘李自成农民军推翻明朝统治之机，入关南下，定都北京，确立了清王朝的中央政权，以后逐渐统一了全国。

清代初期，清政府一方面采用高压政策，如强制汉人剃发易服、建立驻防制度、大兴文字狱等，维护与加强自身的统治；另一方面则施展笼络的手法，如尊奉孔子、提倡程朱理学、开科取士、兴办官学等，借以消弭汉族知识分子的敌对情绪，扩大自己的统治基础。

对于书院这种独立于官学系统之外的教育组织，清廷最初是采取了一种抑制发展的政策。顺治九年

（1652 年），清廷曾下令明确规定，"不许别创书院，群聚党徒，及号召他方游食无行之徒，空谈废业"（《古今图书集成·经济汇编·选举典》卷十七），从而清楚地表明，清廷深恐书院聚徒讲学会不利于其统治的稳定。不过，由于书院有着祭祀孔子、程朱等"先贤"的活动，部分书院还以程朱理学作为教学活动的主要内容，与清廷尊孔崇朱的文化政策相吻合，所以，清廷在宣布禁止别创书院的同时，并未宣布取缔原有书院，对于地方上从顺治初年就已自发展开的修葺或重建书院活动也未明令禁止。到了顺治十四年（1657 年），当偏沅巡抚（后改为湖南巡抚）袁廓宇以石鼓书院崇祀朱熹等"先贤"为理由请求重修时，清廷还曾当即表示同意。这就表明，清廷对书院发展的抑制已有所松动。

康熙年间，伴随着清王朝统治秩序的渐趋相对稳定，清廷对书院的态度也明显改观。如康熙二十五年（1686 年）冬，曾颁赐御书"学达性天"匾额给岳麓书院与白鹿洞书院，并颁发经史著作 16 种给岳麓书院，颁发《十三经》、《二十一史》给白鹿洞书院。以后又向山东济南省城书院及杭州万松书院、南昌豫章书院等颁赐御书匾额，并颁发《古文渊鉴》、《渊鉴类函》、《周易折中》、《朱子全书》给万松书院。这些都说明，清廷对书院发展的政策已从抑制转而提倡、鼓励了。

雍正初期，又曾出现过抑制书院发展的迹象。例如，雍正四年（1726 年），当江西巡抚裴徲度请求朝廷为白鹿洞书院委任掌教而"部议"不准时，雍正帝（1678～1735 年）就曾发话说：设立书院，选择一人为师，如果肄业的人多，势必会产生"藏垢纳污"的流弊。所以他明确表示：对"部议""不肯草率从裴䢵度之请"（《皇朝政典类纂》卷二二六）深为赞赏。显而易见，这时，雍正帝从巩固其统治的利益出发，对书院的发展是存有戒心的。

由上述可知，在顺治初到雍正初这 80 余年间，总的来看，清廷的书院政策是不稳定的。毫无疑问，当清廷对书院发展加以提倡、鼓励时，自然会显著促进书院建设的进行。同时也应看到，即使在清廷对书院发展采取抑制政策时，也毕竟没有下令废弃书院，而且，截止到清初，书院已有 900 多年的发展史，不仅对一般知识分子，而且对清朝的各级官吏都有着深刻的影响，他们中间一些热心于文教事业的人士，对于发展书院事业具有强烈的要求与主动性。因此，即使在清廷抑制书院的发展时，仍然存在着书院继续向前发展的一定条件与动力。

在清代初期的这段时间里，书院的发展其表现呈两个特点。

一是不少书院都曾进行过修葺或重建。例如白鹿洞书院，顺治七年，南康知府徐士仪等首次进行修葺。顺治十四年，又重建了大成殿，并改讲修堂为彝伦堂，宗儒祠为宗儒堂。以后，从康熙初到雍正四年，还曾进行过多次修葺或重建。石鼓书院曾于明末被毁。顺治十四年，经朝廷允准重修。康熙七年（1668 年）至雍正六年（1728 年），又曾先后增修过 4 次。又如岳麓书院，曾于明末被毁。康熙七年，偏沅巡抚周召南命人重建，次年告竣。因康熙十三年（1647 年）在"三藩之乱"中再次被毁，于是，康熙二十四年（1685 年），巡抚丁思孔又倡率所属地方官捐资修造堂庑学舍，使该书院重新建成。再如嵩阳书院，于明末倾圮殆尽。康熙十三年，知县叶封修建诸贤祠。康熙十八年（1679 年）至十九年，当地士绅耿介（1618～1688年）进行了较大规模的重建。以后，康熙二十三年（1684 年）、二十八年（1689 年），巡抚王日藻等与巡抚阎兴邦等又曾分别有所增建。

这一时期进行过修葺或重建的书院还有铅山的鹅湖书院、庐陵的白鹭洲书院、歙县的紫阳书院、辉县的百泉书院、太原的三立书院、武昌的江汉书院、西安的关中书院、杭州的敷文书院（即万松书院）、开封的大梁书院、贵阳的贵山书院、桂林的宣城书院、建阳的考亭书院、南昌的豫章书院、长沙的城南书院、昆明的五华书院等。

二是新建了不少书院。如顺治年间新建的洛阳的天中书院、安庆的培原书院、鄞县的义田书院（后改名月湖书院）、顺宁（今云南凤庆）的育贤书院；康熙年间新建的扬州的安定书院、庐陵的景贤书院、鄞县的证人书院、昆明的昆明书院（又名育才书院）、杭州的紫阳书院（初名紫阳别墅）、成都的锦江书院、台湾县（今台湾省台南市）的崇文书院与海东书院、福州的鳌峰书院、肇庆的端溪书院、广州的粤秀书院、琼

山的琼台书院、苏州的紫阳书院、南宁的式南书院
（后改名蔚南书院）、桂林的阜城书院（后改名栖霞书
院）、济南的振英书院（后改名蒿庵书院、景贤书院）、
奉天（今辽宁沈阳）的萃升书院、肥乡的漳南书院、
夷陵州（今湖北宜昌）的墨池书院；雍正十年前新建
的江宁的钟山书院、台湾县的奎楼书院、潮阳的棉阳
书院、温州的东山书院等。

雍正年间，福建各地还设立了 100 余所正音书院。
这些正音书院，绝大多数都设于雍正七年（1729 年），
每县至少 1 所，最多的为上杭县，一县设立 12 所。当
然这种正音书院并不是传统意义上的书院，而是依照
清廷的旨意而设，以专门教授官话（北京话）为职责
的书院，往往被地方官视为不急之务，因而，时间一
久便渐渐废弃，以至于到了嘉（庆）、道（光）时，
仅邵武府城还保留一所，但也改为教授制艺了。

（2）雍正十一年至鸦片战争前夕的书院概况。

雍正十一年（1733 年）后，清代书院的发展进入
了一个新的阶段。这一年，雍正帝颁布谕旨，肯定书
院有助于"兴贤育才"，明令各直省省会均建立书院，
"择其省文行兼优之士，读书其中"（《钦定大清会典
事例》卷三九三），要求各省督抚等"各宜殚心奉
行"，并宣布：各赐帑金以为经费，不足的部分，于存
公银内支用。这一谕旨，不仅意味着雍正帝对书院从
抑制转为提倡，而且意味着清廷开始从经济上对书院
的发展给予支持（但在此以后，也强化了对书院的控
制，详见后文）。随后，乾隆帝（1711～1799 年）也

曾对书院明诏奖励，将书院比做古代的"侯国之学"，并曾向江宁钟山书院、苏州紫阳书院、杭州敷文书院颁赐经史书籍，以示宠渥。所有这些，都势必有力地促进书院的发展。

于是，自雍正末年开始，书院迅速地发展起来。截止到鸦片战争爆发前夕的道光十九年（1839年），各地陆续新建了一大批书院。如建于雍正十一年至十三年（1735年）间的桂林秀峰书院、济南泺源书院、保定莲池书院、襄阳鹿门书院、兰州兰山书院；建于乾隆（1736～1795年）间的奉天沈阳书院、北京金台书院、巴县（今属重庆）渝州书院（后改名东川书院）、漳化白沙书院、西宁崇山书院、上海敬业书院、南宁广学书院、天津问津书院、醴陵渌江书院、广州越华书院、新会冈州书院、西宁泰兴书院、丹徒宝晋书院、安陆汉东书院、钦州钦江书院、宁海南金书院、灵州（今宁夏灵武）钟灵书院、热河厅（今河北承德）秀峰书院、江宁凤池书院、贵定兰皋书院、敦煌鸣沙书院、博山（今山东淄博西南）范泉书院、涿州（今河北涿县）古洰书院；建于嘉庆（1796～1820年）间的贵阳正习书院、杭州诂经精舍、南昌东湖书院、江宁尊经书院、苏州正谊书院、噶玛兰（今台湾宜兰）仰山书院、吉林白山书院、凤山凤仪书院、福州凤池书院；创始于嘉庆二十五年（1820年）而正式建成于道光四年（1824年）的广州学海堂；建于道光初年至鸦片战争前夕的东乡汝东书院、开封彝山书院、上海蕊珠书院、福州龙光书院、唐县焕文书院、江宁惜阴书院（初名惜阴书舍）。

在这些新建的书院中，以杭州诂经精舍与广州学海堂最为著名。这两所书院分别为阮元（1764～1849年）任浙江巡抚与两广总督时所建，而阮元建立这两所书院，又是同清代汉学的兴起密切相关的。

清代汉学又称朴学或清代古文经学，是主要从事训诂考据的经学派别，以其推崇东汉古文经学家许慎（约58～147年）、郑玄（127～200年）之学而得名。这一学派的兴起，一方面同当时理学的空疏有关，另一方面也是清王朝在文化领域里实行高压政策的结果。其治经，重实证而不重义理，以此迥别于崇尚以义理说经的宋明理学。这一学派在乾隆、嘉庆年间盛极一时，故又称为"乾嘉学派"。按照通常的看法，这一学派主要分为吴、皖两大支派。吴派肇始于惠周惕而以惠栋（1697～1758年）为主要代表，属于该派的还有江声（1721～1779年）、余萧客（1732～1778年）、王鸣盛（1722～1797年）、钱大昕（1728～1804年）、孙星衍（1753～1818年）、江藩（1761～1830年）等人。皖派肇始于江永（1631～1762年）而以戴震（1723～1777年）为主要代表，属于该派的还有程瑶田（1725～1814年）、金榜（1735～1801年）、洪榜、段玉裁（1735～1815年）、任大椿（1738～1789年）、王念孙（1744～1832年）、凌廷堪（1757～1809年）、王引之（1766～1834年）、阮元等人。

乾嘉学派中的不少人都曾在书院讲过学，有的也曾建立过书院，但就影响论，都不能同阮元创立诂经精舍与学海堂相比。这是因为，在这两所书院里，阮元首次明确地将进行有关经史训诂之学的教育确定为书院的办学宗旨。阮元认为："圣贤之道"存在于经书中，经书不通过训诂就不明白它的意蕴，汉代人与先秦孔、孟等"圣贤"相距最近，所以，他们的训诂也比后人更接近经书的原意。基于这一认识，阮元主张以训诂求经义，由宋学返归汉儒之学。正是在这种治学思想的指导下，杭州诂经精舍与广州学海堂成为主要肄习和研讨经史训诂之学的教育机构与学术研究机构，从而把以往汉学家们所进行的关于汉学的一般提倡，推进到建立汉学最高学府的阶段。

在新建大批书院的同时，这一时期不少书院还进行了重修、扩建或重建。扬州的崇雅书院于雍正十二年（1734 年）重建（改名为梅花书院）；三原的宏道书院于道光十年（1830 年）重修；岳麓书院除屡次重修外，还于道光十六年（1836 年）由湖南巡抚吴荣光（1773～1843 年）仿照杭州诂经精舍与广州学海堂增建了一所著名的湘水校经堂。

（3）鸦片战争后的新建书院。

自道光二十年（1840 年）中英第一次鸦片战争始，外国资本主义侵略势力凭借武力打开了古老中国的大门，使中国从封建社会逐渐沦为半殖民地半封建社会。伴随中国近代史帷幕的揭开，书院的发展也进入了一个新的阶段。

道光三十年（1850 年）以前，新建书院为数仍然不少。咸丰（1851～1861 年）间，由于战争的原因，新建书院较少；同时，不少原有书院也难免毁于兵火。到了同治（1862～1874 年）、光绪（1875～1908 年）间，除不少书院进行重修或重建以外，新建书院又多了起来。

这一阶段所建书院有：建于道光二十年至道光末年之间的南昌经训书院、锦县（今辽宁锦州）凌川书院、文水武陵书院、绩溪濂溪书院、淡水县猛舺（今台湾省台北市）文甲书院、昌黎碣阳书院；建于咸丰间的南郑（今陕西汉中）迎秀书院、沂水明志书院；建于同治间的福州正谊书院、上海龙门书院、杭州东城讲舍、杭州学海堂、广州菊坡精舍、济南尚志书院、武昌经心书院、成都八旗少城书院、福州致用书院、绥远城（今内蒙古呼和浩特）长白书院（后改名启秀书院）、伯都讷厅（今吉林扶余）种榆书院、泾阳陕甘味经书院、上海诂经精舍；建于光绪初年至光绪二十三年（1897 年）的成都尊经书院、上海格致书院、西宁五峰书院、上海求志书院、台北登瀛书院、太原令德堂、兰州求古书院、江阴南菁书院、衡阳船山书院、鄞县崇实书院、广州广雅书院、苏州学古堂、武昌两湖书院、昆明经正书院、宾州（今黑龙江宾县）菁化书院、台北明道书院、泾阳崇实书院、杭州求实书院等。

以上我们叙述了清代书院的发展概况，这里还有必要补充说明两点：第一，清朝时，在今福建、广东、湖南、江西、浙江、江苏、四川、河北、陕西、湖北、山东、安徽、云南、贵州、广西、山西、河南、甘肃、海南、香港、辽宁、宁夏、北京、上海、天津、重庆、台湾、吉林、青海、黑龙江、内蒙古、新疆的地区都有书院的建置（据载，这一时期，新疆曾在迪化——今乌鲁木齐市建有博大书院、在哈密建有伊州书院）。因此，清代书院的分布无疑比以往任何朝代都要更为广泛，总数有数千所，比以往任何一朝都多。第二，官方在清代书院建设中所起的作用占据绝对的优势；同时，与明代相比，民力所起的作用愈发降低了。

此外，还有两点应予说明：一是清代的书院发展还有一个突出的特点，这就是，同以前朝代著名书院多位于名山胜地等僻静地区的状况不同，这一时期，伴随着社会经济的发展与雍正十一年后官方在书院建设中所起作用的强化，书院教育的中心愈来愈转向城市，以致逐渐形成著名书院大多位于较大城市（尤其是省会）的新的书院分布格局。二是这一时期的鸦片战争以后，基于列强对华进行文化侵略的需要，外国传教士曾在中国设立了一些由他们所主办的书院。如道光二十三年（1843 年）迁入香港的英华书院（原设于马六甲，系由英国伦敦会传教士马礼逊于 1818 年创建）；咸丰元年（1851 年）德国信义会设于香港的巴陵书院；咸丰三年（1853 年）美国公理会设于福州的格致书院；咸丰十年（1860 年）美国长老会设于上海的清心书院；光绪五年（1879 年）美国圣公会设于上海的圣约翰书院；光绪七年（1881 年）美国监理会设于上海的中西书院（次年正式开学）；光绪十九年（1893 年）美国公理会设于通州（今北京市通县）的潞河书院等。这类书院名为书院，实则一般都是教会学校，与中国传统的书院并不是一回事。

清代书院的著名师生

清代书院的著名讲学者或主持人有黄宗羲（1610～1695 年）、陆世仪（1611～1672 年）、李颙（1627～1705 年）、陆陇其（1630～1693 年）、颜元（1635～1704 年）、张伯行（1651～1725 年）、全祖望（1705～1755 年）、卢文弨（1717～1795 年）、戴震、钱大昕、姚鼐（1731～1815 年）、段玉裁、章学诚（1738～1801 年）、洪亮吉（1746～1809 年）、孙星衍、阮元、李兆洛（1769～1841 年）、龚自珍（1792～1841 年）、何绍基（1799～1873 年）、冯桂芬（1809～1874 年）、刘熙载（1813～1881 年）、郭嵩焘（1818～1891 年）、俞樾（1821～1907 年）、王韬（1828～1897 年）、华蘅芳（1833～1902 年）、王闿运（1833～1916 年）、王先谦（1842～1917 年）、朱一新（1846～1894 年）、皮锡瑞（1850～1908 年）、沈曾植（1850～1922 年）、林纾（1852～1924 年）、廖平（1852～1932 年）、张謇（1853～1926 年）等。

黄宗羲，字太冲，号南雷，学者称梨洲先生，余姚人。父尊素，明天启间任御史，因弹劾魏忠贤，被下狱，受酷刑而死。他 19 岁那年入京讼冤，与"阉党"对簿公堂，以铁锥毙伤仇敌，并与同难子弟哭祭于狱门。南归后，师事刘宗周于会稽证人书院。又与复社名士陈贞慧（1604～1656 年）、吴应箕（1594～1645 年）等联名发布《留都防乱公揭》，声讨"阉党"余孽阮大铖（1587～1646 年）。清兵南下，他招募里中子弟数百人进行抵抗（人称"世忠营"），被鲁王授以兵部职方司主事、左副都御史等职。顺治十年（1653 年）鲁王取消监国名义后，隐居著述。清廷屡次征召，坚辞不出。他反对程朱的"理"先"气"后说，认为"无气则无理"（《明儒学案》卷七），抨击君主专制，主张工商皆本，精研天文、地理、算术、乐律、经史、文学、九流百家以及释、道之书等。为学尤重穷经通史以经世致用，由他所开创的学派被称为清代浙东学派。明亡后，他曾讲学于会稽证人书院、鄞县证人书院、余姚姚江书院等处。著作有《宋元学案》、《明儒学案》、《明夷待访录》、《南雷文定》等。

陆世仪，字道威，号刚斋，晚号桴亭，太仓人。明末诸生。早年，与同里友人陈瑚（1613～1675 年）等结为文会，互相砥砺，又师事石敬岩，学习武艺，有志于经世。明亡后，隐居著述。他继承了程朱的"理"先"气"后说与"格物致知"论，但反对区分"义理之性"、"气质之性"，并注重与国计民生有关的学问。他曾讲学于东林书院。著作有《思辨录辑要》、《陆桴亭先生遗书》。

李颙，字中孚，学者称二曲先生，盩厔（今陕西周至）人。家贫，刻苦自学，博览经、史、子、集及释、道之书，年未四十，学已大成。屡拒清廷征召。为学以陆王为主，兼取程朱之说，以"悔过自新"为宗旨，重视有关政治、军事、律令、农田、水利等方面的实际学问，并极力提倡讲学，视讲明学术为"拨乱返治"的"大柢本"（《四书返身录》卷四）。他与黄宗羲、孙奇逢（1584～1675 年）鼎足并称清初三大儒。曾南下讲学于常州延陵书院、无锡东林书院等处。后应邀主讲西安关中书院。著有《二曲集》、《四书返身录》等。

陆陇其，原名龙其，字稼书，平湖人。康熙进士。官至四川道监察御史。为学墨守朱熹，反对调停朱学与王学之争，力主摈黜王学。他曾讲学于东林书院。著有《三鱼堂文集》、《松阳讲义》等，后人辑有《陆子全书》。

颜元，字易直，又字浑然，号习斋，博野人。为学初尊陆王，继宗程朱。34 岁那年，他依照朱熹的《文公家礼》为养祖母服丧，深感有违人情，从此转而批判程朱。他否定程朱的"理"先"气"后说，认为无"气"则无"理"；反对区分所谓"天命之性"与"气质之性"；认为《大学》"格物致知"之"格"，如同用手与猛兽格斗的"格"，是用手捶打搓弄的意思，强调只有"亲下手一番"（《四书正误》卷一），才能获得对事物的真知；抨击理学误人才、败天下事，使人成为"无用人"；并注重事功，提倡实学，主张广泛学习有关兵、农、钱、谷、天文、地理等项实际本领。由他及其弟子李塨（1659～1733 年）所创立的学派，被称为颜李学派。他曾讲学于肥乡漳南书院。著有《四书正误》、《四存编》、《朱子语类评》、《习斋记余》等。

张伯行，字孝先，初号恕斋，更号敬庵，仪封（今河南兰考）人。康熙进士。历官内阁中书，山东济宁道，福建、江苏巡抚，礼部尚书等。学宗程朱。曾讲学于仪封清见书院、福州鳌峰书院、无锡东林书院。著有《困学录》、《续困学录》、《正谊堂文集》等。

全祖望，字绍衣，号谢山，鄞县人。乾隆进士，选庶吉士。因不为大学士张廷玉（1672~1755年）所喜，散馆时被列为最下等，以知县用，故辞官归里。后主讲于绍兴蕺山书院与肇庆端溪书院。他治学私淑黄宗羲，精研经史，系清代浙东学派的代表人物之一。于史，尤熟于明清之际史事，曾将黄宗羲《宋元学案》稿补辑为100卷。又七校《水经注》，三笺《困学纪闻》。另著有《鲒埼亭集》、《经史问答》等。

卢文弨，字绍弓，号檠斋，晚号弓父，人称抱经先生，余姚人，迁居杭州。乾隆进士。官至翰林院侍讲学士。生平潜心汉学，精于校雠。曾任太仓娄东书院院长，并曾主讲于江阴暨阳书院、江宁钟山书院、常州龙城书院等处。著有《群书拾补》、《抱经堂文集》、《钟山札记》、《龙城札记》等。

戴震，字慎修，一字东原，休宁人。早年做过塾师，后在徽州紫阳书院受业于方楘如，并从江永问学。40岁才中举人。屡应会试，均不第。51岁时，清廷设立四库全书馆。他因受荐举，被命充任纂修官。乾隆四十年（1775年），赐同进士出身，授庶吉士。他对典章制度、天文、数学、水利、地理、名物训诂及乐律、音韵等，均有精湛的研究。治经由声音文字以求训诂，由训诂以寻义理。哲学上，具有朴素唯物主义的世界观，认为"阴阳五行"之"气"是"道之实体"(《孟子字义疏证》卷中)，否定程朱关于"理"为实体，在"气"之先的观点；又认为"道"是自然界与人事的根本规律，而"理"则是各种具体事物的"不易之则"，只有"就事物剖析至微"，才能得到对于"事物之理"的认识；并提出"理"存在于"欲"中的观点，抨击程朱理学"存天理，去人欲"的"理欲之辨"是"以理杀人"(《戴东原集·与某书》)。他曾主讲于浙东金华书院。著有《孟子字义疏证》、《原善》、《考工记图》、《声韵考》、《方言疏证》、《戴东原集》等，后人编有《戴氏遗书》、《戴东原先生全集》等。

钱大昕，字晓征，一字及之，号辛楣，又号竹汀居士，嘉定人。早年肄业于苏州紫阳书院，并从惠栋问学。乾隆进士。官至詹事府少詹事。一生精研经史、文字、音韵、训诂、金石之学，兼通天文、数学、舆地、典章制度、满洲与蒙古氏族等。长于以子、史、小学证经，剖析源流。于史则擅长考订、校勘。他曾任江宁钟山书院院长4年，于讲学之余，撰著《廿二史考异》。后又相继主讲于太仓娄东书院与苏州紫阳书院。其中，在紫阳书院任职长达16年，从他受业的士子，累计2000余人。他教学认真负责，直到去世的当天，还在书院中和门人晤谈，"口讲指画，谈笑不辍"(《碑传集》卷四十九)。其著作还有《十驾斋养新录》、《元诗纪事》、《潜研堂金石文跋尾》、《潜研堂文集》等。

姚鼐，字姬传，一字梦毅，学者称惜抱先生，桐城人。早年受业于刘大櫆（1698～1779 年）。乾隆进士。官至刑部郎中。清廷开设四库全书馆后，因被荐举，充任纂修官，旋告病辞归。后主讲扬州梅花、江宁钟山、徽州紫阳、安庆敬敷诸书院数十年。他是桐城派主要作家，与方苞（1668～1749 年）、刘大櫆合称桐城派"三祖"，擅长诗文，并通经学。为学宗奉程朱，指责汉学家"以攻驳程朱为能……大为学术之害"（《惜抱轩文集·复蒋松如书》）。论文主张义理、考据、词章三者合一。又曾提出"阳刚阴柔"说以区分文章风格。著有《九经说》、《惜抱轩文集》、《惜抱轩诗集》等，选编有《古文辞类纂》。

段玉裁，字若膺，号懋堂，金坛人。早年肄业于扬州安定书院。乾隆举人。师事戴震于京，后官贵州玉屏、四川巫山知县。精文字训诂、音韵之学。著有《六书音韵表》，分古韵为 6 类 17 部。又积数十年心力，著《说文解字注》，阐发《说文》条例，订正传本讹误，援据经传注释许慎训解，阐明字义的引申变化等，对于清人研治《说文》者影响甚大。曾主讲于寿阳受川书院，又曾任太仓娄东书院院长。著作还有《经韵楼集》等。

章学诚，字实斋，会稽人。曾从山阴刘文蔚、童钰问学，得以熟悉刘宗周、黄宗羲的学说。又曾师事朱筠（1729～1781 年）于京。乾隆进士。官国子监典籍。40 岁后，历主定州定武、肥乡清漳、永平敬胜、保定莲池、归德文正诸书院讲席。后入毕沅（1730～1797年）的湖广总督府为幕僚。晚年回归浙江。生平精研史学，系清代浙东学派的代表人物之一。他认为"道"不离"器"；提出"六经皆史"（《文史通义·易教上》）之说，指责汉学家以博古自矜而不能通今，批评理学家只知空谈义理，主张以史学"经世"；并注重治史者的"史德"。著作被后人编为《章氏遗书》，其中的《文史通义》为代表作。

洪亮吉，字君直，一字稚存，号北江，晚号更生居士，阳湖（今江苏武进）人。曾肄业于扬州安定书院。乾隆进士。官翰林院编修。嘉庆四年（1799年），因上书论朝政，被遣戍伊犁。次年赦还。南归后，主讲洋川书院，从学者甚多。他一生好学不倦，深研《春秋左氏传》，又长于舆地及音韵、训诂之学。著有《春秋左传诂》、《西夏国志》、《卷施阁集》、《更生斋集》等。

孙星衍，字渊如，又字季逑，阳湖人。早年肄业于江宁钟山书院，从钱大昕受学。乾隆进士。官至山东督粮道。曾主讲于江宁钟山书院、杭州诂经精舍。他年轻时，与同里杨芳灿（1753～1827年）、洪亮吉、黄景仁（1749～1782年）以文学齐名，后深研经史、小学，兼通诸子百家，并好校勘与金石之学。于经尤深于《尚书》。著有《尚书今古文注疏》、《周易集解》、《寰宇访碑录》、《芳茂山人文集》等。

阮元，字伯元，号云台，晚号颐性老人，仪征人。乡试中举后入京，从邵晋涵（1743～1796年）以及戴震弟子王念孙等问学。乾隆进士。由翰林院编修历官至体仁阁大学士。深研经史、小学、历算、舆地、金石、词章、校勘等，长于治经与考证。其治学方法承袭戴震，由训诂字义以明义理，尤重汉儒训诂。论文，强调文笔之辨，以是否用韵与对偶作为区分文笔的标准，提倡骈文。并致力于倡导学术与文教事业，除曾设立杭州诂经精舍与广州学海堂外，还曾在杭州诂经精舍亲自讲学。又曾主编《经籍纂诂》，校刻《十三经注疏》，编刻《皇清经解》。另辑有《畴人传》、《山左金石志》、《两浙金石志》等，个人著述编为《揅经室集》。

李兆洛，字申耆，一字绅琦，晚号养一老人，学者称养一子，阳湖人。从卢文弨受业于常州龙城书院。乾隆进士。官安徽凤台知县，因父丧归里，先后主讲于怀远真儒书院与江阴暨阳书院。尤精舆地、历算，并通典章制度与音韵、训诂等。在文学方面，隶属于阳湖派与常州词派。著有《历代地理志韵编今释》、《皇朝舆地韵编》、《纪元编》、《养一斋文集》等，辑有《骈体文抄》、《皇朝文典》等。

龚自珍，又名巩祚，字璱人，号定盦，仁和人。自幼深受汉学熏染，后从常州今文经学派的代表人物刘逢禄（1776～1829年）学习《公羊春秋》。道光进士。官内阁中书、宗人府主事、礼部主事。辞官南归后，曾在丹阳云阳书院讲席。生平究心经世之务，对清政府官僚政治的弊端予以尖锐抨击，要求"更法"，并主张严禁鸦片，迁徙内地无产之民去新疆从事开垦，加强沿海与西北边疆的防务。又深研经史、舆地、金石、文字、佛典等，尤长西北舆地。诗文瑰丽，自成一家。著作被后人辑为《龚定盦全集》、《龚自珍全集》等。

　　何绍基，字子贞，号东洲，晚号蝯叟，道州（今湖南道县）人。道光进士。官翰林院编修。去官后，相继主持济南泺源书院、长沙城南书院、浙江孝廉堂讲席。能诗文，工书法，通经史，精律算，嗜《说文》考订之学，旁及金石、图画、篆刻。他是晚清宋诗运动的重要倡导者之一。著有《惜道味斋经说》、《说文段注驳正》、《东洲草堂文抄》、《东洲草堂诗抄》等。

　　冯桂芬，字林一，号景亭，吴县人。道光进士。官翰林院编修、右春坊右中允。曾主讲于江宁惜阴、上海敬业及苏州紫阳、正谊诸书院，博学能文，注重经世致用。精通数学与文字学，旁及天文、舆地、兵制、刑法，关注盐铁、河渠、钱漕、食货等，并注意研究西学。以"自强"为宗旨，主张采西学，"制洋器"，学习西方军事技术，"以中国之伦常名教为原本，辅以诸国富强之术"（《校邠庐抗议·采西学议》）。著有《校邠庐抗议》、《显志堂稿》等。

　　刘熙载，字作简，号融斋，兴化人。道光进士。官翰林院编修、左春坊左中允等。他博通经学、子、史、天文、算法、字学、韵学以及词曲与佛、道家言，治经不分汉、宋，并工书法。曾主讲上海龙门书院14年。著有《持志塾言》、《艺概》、《昨非集》等。

　　郭嵩焘，字伯琛，号筠仙，学者称养知先生，湘阴人。早年相继读书于本县仰高书院与岳麓书院。道光进士。历官翰林院编修、苏松粮储道、两淮盐运使、兵部左侍郎等。光绪二年（1876年）出使英国，成为中国第一位驻外使臣。后又兼驻法公使，旋以病辞归。他认为西方国家立国有本有末，"其本在朝廷政教"（《郭嵩焘奏稿·条议海防事宜》），其"末"则为造船与制造机器等。治学以经学研究为长，尤深于《三礼》。曾主讲于城南书院，并主持思贤讲舍。著有《礼记质疑》、《使西纪程》、《养知书屋文集》等。

俞樾，字荫甫，号曲园，德清人。道光进士。官翰林院编修。曾主持苏州紫阳、上海求志、德清清溪、归安龙湖诸书院以及杭州诂经精舍讲席。其中，尤以主持杭州诂经精舍历时最久，长达31年。其门下弟子颇多知名之士。于诸经均有纂述，尤深《易》学。为学私淑王念孙、王引之父子，所著《群经平议》，实续《经义述闻》，《诸子平议》则系继《读书杂志》而作。又著《古书疑义举例》，刺取九经、诸子，约取其例，以为读古书者之助，甚为精审，成为乾嘉学派后期的代表著作。能诗词，工篆隶，主张杂剧应起"化民成俗"的作用。另著有《茶香室经说》、《宾萌集》等。著作汇编为《春在堂全书》。

王韬，初名利宾，字紫诠，号仲弢，又号弢园，别号天南遯叟等，长洲人。他18岁中秀才，22岁时赴上海，任职于英人麦都思所办的墨海书馆。在太平天国与第二次鸦片战争期间，曾屡次向清朝官吏上书献策，后因事被清廷下令缉拿，逃往香港。在港助英人理雅各翻译中国经书。同治六年至九年（1867～1870年），应理雅各的邀请，到英国继续译书，得以遍游法、俄等国。以后曾在香港办《循环日报》，并曾赴日本游历。晚年返居上海，出任格致书院掌院。他是中国近代初期的资产阶级改良派思想家，主张变法自强，反对重农抑商，提倡学习西方，兴开矿、织纤、修铁路等"利"，大力发展新式工商业，并"许民间自立公司"（《弢园文录外编·重民中》）。早年曾反对"君民同治"（《弢园尺牍·与周弢甫征君》），后来则转而主张行君主立宪政体。著有《弢园文录外编》、《弢园尺牍》、《皇清经解札记》、《春秋朔闰考》、《漫游随录》、《扶桑游记》等。

华蘅芳，字若汀，无锡人。初从其父华翼纶学习《数理精蕴》、《九章算术》等，又从同县邹安鬯学习秦九韶、李治、朱世杰诸家之书。咸丰初，与同县徐寿（1818～1884年）以西学相砥砺。同治间，与徐寿一同制造"黄鹄"号轮船。两江总督曾国藩（1811～1872年）设江南制造总局于上海，他也多所筹划，并在该局附设的翻译馆中译数学、地质等书。他曾讲授于上海格致书院与武昌两湖书院等处。生平精研数学，著有《行素轩算稿》，并与英人傅兰雅合译《代数术》、《微积溯源》、《三角数理》等。

王闿运，字壬秋，号壬父，以室名湘绮楼，学者称湘绮先生，湘潭人。咸丰举人。应会试入都，被尚书肃顺（1816～1861年）延为上宾，曾代为起草章奏。继参曾国藩幕府。后应四川总督丁宝桢（1820～

1886 年）之聘，任成都尊经书院院长，归为长沙思贤讲舍、衡阳船山书院山长，从学者甚众。光绪末年，被授翰林院检讨。辛亥革命后，任清史馆馆长，旋归。其治学，初由《礼》始，后宗公羊学。通诸经，能诗文。著有《周易说》、《尚书笺》、《礼记笺》、《春秋公羊传笺》、《湘绮楼文集》、《湘绮楼诗集》等。

王先谦，字益吾，号葵园，长沙人。同治进士。官翰林院编修、国子监祭酒等。归里后，曾主持思贤讲舍与城南书院、岳麓书院讲席。辛亥革命后，改名遁，迁居乡间，闭门著书。为学承乾嘉遗风，重视注疏、考证。任江苏学政时，曾奏设南菁书局，仿《皇清经解》例，辑刻《皇清经解续编》。著有《诗三家义集疏》、《汉书补注》、《后汉书集解》、《荀子集解》、《庄子集解》、《虚受堂文集》等，并编有《续古文辞类纂》等。

朱一新，字蓉生，号鼎甫，义乌人。曾肄业于杭州诂经精舍。光绪进士，选庶吉士，授编修，升陕西道监察御史。因上疏劾及内侍李莲英，降为主事，遂告归。后应两广总督张之洞（1837～1909 年）的聘请，相继任肇庆端溪书院山长与广州广雅书院院长。他喜好程朱理学，认为汉学家有支离破碎之病，对公羊学也多所指责。注重治史，尤究心于舆地、经济。著有《无邪堂答问》、《汉书管见》、《佩弦斋文存》等。

皮锡瑞，字鹿门，一字簏云，以室名师伏堂，学者称师伏先生，善化人。光绪举人。三应会试均不第，遂潜心讲学著书。先后主持桂阳龙潭书院与南昌经训书院讲席。光绪二十四年（1898 年），被聘为长沙南学会会长，主讲学术。戊戌变法失败后，以参与南学会事，被革去举人身份，交地方官管束。后历任湖南高等学堂、师范馆、中路师范、长沙府中学堂讲席。生平以经学闻名，初宗郑玄，后专治今文经学。能诗文。著有《经学逦论》、《经学历史》、《尚书大传疏证》、《师伏堂骈文》等。

沈曾植，字子培，号乙盦，晚号寐叟，嘉兴人。光绪进士。授刑部主事，迁员外郎，升郎中。《马关条约》签订后，感伤国事，参加强学会，支持变法维新。光绪二十四年，应湖广总督张之洞所聘主讲于两湖书院。光绪二十六年（1900 年），参与策划"东南互保"。后任江西广信、南昌知府、安徽提学使等，并曾署安徽布政使，护理安徽巡抚。辛亥革命后，居上海，被聘为《续浙江通志》总纂。曾参与张勋（1854 ～ 1923 年）复辟，被授学部尚书。他学问广博，尤精辽、金、元史及舆地之学。对经学、文学、刑法、音律、书法、佛典等，也均有研究。系"同光体"诗派的代表人物之一。著有《蒙古源流笺证》、《岛夷志略广证》、《晋书刑法志补》、《海日楼诗集》等。

林纾，字琴南，号畏庐、冷红生，晚号蠡叟，学者称闽侯先生，闽县人。光绪举人。屡应会试不第，就任杭州东城讲舍讲席。后入京，主持金台书院讲席，从学者数百人。又曾任京师五城学堂总教席，并任教于京师大学堂。辛亥革命后，以遗老自居，反对"五四"新文化运动，成为保守势力的代表人物之一。为文宗法韩（愈）、柳（宗元）。自光绪二十五年（1899年）以后，借助他人口述，用古文翻译欧美等国小说180余种，影响很大。此外还能诗善画。著有《畏庐文集》、《畏庐诗存》、小说《金陵秋》、传奇《天妃庙》等。

廖平，原名登廷，字旭陔，改字季平，初号四益，晚号六译，井研人。25岁时补廪生，被调入成都尊经书院肄业，初治文字训诂之学，后从王闿运学习今文经学。光绪进士。历任龙安教授、射洪训导、绥定教授。又曾任尊经书院襄校，并曾主持井研来凤、嘉定九峰、资州艺风、安岳凤山诸书院讲席。辛亥革命后，任成都国学学校（后改名为四川国学专门学校）校长。一生潜研经学，长于《春秋》。其学以善变著称。初著《今古学考》，以礼制区分今文经学与古文经学，认为《周礼》与《王制》分别是古文经学与今文经学的根本。继撰《辟刘篇》、《知圣篇》，抑古尊今，认为古文经乃刘歆等人所伪造，只有今文经学才是真孔学。戊戌变法后，以今文为小统，古文为大统，认为二者不相妨而相济。后又有3次变化，最后以《素问》所言五运六气为孔门《诗》、《易》师说。其所撰《辟刘篇》、《知圣篇》对康有为（1858～1927年）撰写《新学伪经考》与《孔子改制考》有直接影响。著作初编为《四益馆经学丛书》，后增辑为《六译馆丛书》。

张謇，原名起元，字季直，号啬庐，南通人。24岁时，入庆军统领吴长庆幕任文书。33岁中举人，先后被聘主持赣榆选青书院、崇明瀛洲书院讲席。光绪二十年（1894 年）中状元，授翰林院修撰。同年，中日甲午战争爆发 闻清军溃败，曾上疏弹劾李鸿章（1823～1901 年）。旋丁忧回籍，受两江总督张之洞委派，总办通海团练。继任江宁文正书院院长并兼安庆经古书院院长。又陆续创设通州大生纱厂、通海垦牧公司、上海大达外江轮步公司、资生铁冶厂等实业，并在南通创办文教事业如师范学校、女子师范、博物苑等，还协助创立上海复旦公学、吴淞中国公学。政治上，主张君主立宪。光绪三十二年（1906 年），参与组织预备立宪公会，任副会长。宣统元年（1909 年），任江苏谘议局议长。宣统三年（1911 年），任中央教育会会长。辛亥革命后，任南京临时政府实业总长。继任北洋政府熊希龄（1870～1937 年）内阁农林、工商总长，后因袁世凯（1859～1916 年）恢复帝制而辞职，仍回南通从事实业、教育等。晚年提倡尊孔读经，曾反对学生参加五四运动与男女同校等。著有《张季子九录》、《张謇日记》等。

清代曾在书院肄业的著名人物，除了戴震、钱大昕、段玉裁、洪亮吉、孙星衍、李兆洛、郭嵩焘、朱一新、廖平以外，还有万斯大（1633～1683 年）、万斯同（1638～1702 年）、雷铉（1697～1760 年）、袁枚（1716～1798 年）、王鸣盛、翁方纲（1733～1818 年）、王念孙、汪中（1745～1794 年）、黄景仁、施国祁（1750～1824 年）、焦循（1763～1820 年）、洪颐煊（1765～1833 年）、臧庸（1767～1811 年）、邓廷桢

（1776～1846 年）、管同（1780～1831 年）、林则徐
（1785～1850 年）、魏源（1794～1857 年）、朱次琦
（1807～1881 年）、杨锐（1857～1898 年）、唐才常
（1867～1900 年）、章炳麟（1869～1936 年）、梁启超
（1873～1929 年）、黄兴（1874～1916 年）、陈天华
（1875～1905 年）、宋教仁（1882～1913 年）等。

万斯大，字充宗，晚号跛翁，学者称褐夫先生，
鄞县人。师事黄宗羲于证人书院。精研经学，尤深于
《春秋》、《三礼》。为学强调以经释经，系清代浙东学
派的代表人物之一。著有《万充宗先生经学五书》。

万斯同，字季野，学者称石园先生，鄞县人。万
斯大之弟。也从黄宗羲受学于证人书院。于经尤深于
《礼》，又博通诸史，尤详于明。康熙间，被征博学鸿
儒，坚辞不就。旋以布衣至京，预修《明史》，手定稿
本 500 卷。曾应徐乾学（1631～1694 年）之请，为纂
《读礼通考》。他也是清代浙东学派的代表人物之一。
还著有《历代史表》、《儒林宗派》、《石经考》、《群书
辨疑》等。

雷铉，字贯一，号翠庭，宁化人。曾肄业于鳌峰
书院。雍正进士。官至左副都御史。学宗程朱。著有
《读书偶记》、《闻见偶录》、《经笥堂集》等。

袁枚，字子才，号简斋，钱塘（今浙江杭州）人。
早年肄业于杭州敷文书院。乾隆进士。曾任溧水、江
浦、沭阳、江宁知县。后辞官，长期侨居于江宁小仓
山的随园。他反对程朱理学"存天理，去人欲"之说，
论诗则批评沈德潜（1673～1769 年）的"格调"说与

翁方纲的"肌理"说，而提倡"性灵"说。能诗文。著有《小仓山房文集》、《小仓山房诗集》、《随园诗话》等。

王鸣盛，字凤喈，一字礼堂，别字西庄，晚号西沚，嘉定人。曾肄业于苏州紫阳书院。又曾从惠栋问学。乾隆进士。官翰林院编修、侍讲学士、内阁学士等。治经主张墨守汉儒家法，所著《尚书后案》，专宗郑玄。治史注重考证，所著《十七史商榷》，考史尤详于典章制度、事迹、地理、职官。另著有《蛾术编》、《西沚居士集》等。

翁方纲，字正三，号忠叙、覃溪、苏斋等，直隶大兴（今北京）人。14岁后，在京师首善书院（后改名金台书院）肄业7年。乾隆进士。历官翰林院编修、内阁学士兼礼部侍郎、鸿胪寺卿等。生平博学多闻，尤深于金石文字，精于鉴赏。并曾提出"肌理"说的诗论，主张诗应"以经术实之"（《复初斋文集·神韵论下》）。又通经学，工书法，与同时代的刘墉（1719～1804年）、梁同书（1723～1815年）、王文治（1730～1802年）并称"四大书家"。著有《粤东金石略》、《两汉金石记》、《易附记》、《复初斋文集》、《复初斋诗集》等。

王念孙，字怀祖，号石臞，高邮人。曾师事戴震于京，又曾肄业于扬州的书院。乾隆进士。由工部主事历官至直隶永定河道。博通经史、文字、音韵、训诂之学，熟于汉学门户，精于校雠。著《广雅疏证》，广搜群书故训，贰古音以求古义，以博洽精核著称。

又著《读书杂志》，分《逸周书》、《战国策》、《管子》、《荀子》、《晏子春秋》、《墨子》、《淮南子》、《史记》、《汉书》、《汉隶拾遗》共 10 种，于古义之晦误、写校之妄改，一一订正，一字之证，博及群书。又精熟水利。还著有《群经字类》、《王光禄遗文集》等。

汪中，字容甫，江都人。少孤家贫，曾助书贾售书，得以遍读经史百家之书。又曾肄业于扬州安定书院。乾隆四十三年（1778 年）为拔贡，后即绝意仕途。他私淑顾炎武，有志于经世，耻为无用之学。治经不墨守一家之说，敢于怀疑《大学》的经典性，对"道统"说持异议，并推崇荀子、墨子。精史学，工骈文。著有《述学》、《广陵通典》等。

黄景仁，字汉镛，又字仲则，号鹿菲子，武进人。曾肄业于常州龙城书院。因家贫，四处奔波，以谋生计。后入资为县丞，行将铨官，因受债家所迫，抱病由京赴陕，中途卒于解州。能诗词，工骈体文，善书画。著有《两当轩集》。

施国祁，字非熊，号北研，乌程（今浙江吴兴）人。诸生。曾肄业于杭州诂经精舍。家贫，外出授经。年过四十，弃举业，以著书自任。生平好学不倦，能诗词，尤熟于金朝史事。著有《金史详校》、《金源札记》、《金源杂兴诗》、《礼耕堂丛说》等。

焦循，字理堂，一字里堂，甘泉（今江苏扬州）人。嘉庆举人。因受家学影响，自幼好《易》。年 18，入安定书院肄业。仅参加一次会试，即绝意仕进。精通经史、音韵、训诂之学，重视探讨数理，用数理释《易》，并以治《易》之法治诸经。他还反对程朱理学"存天理，去人欲"之说，提倡不同学派间相互取长补短。能诗文，通戏剧。著有《雕菰楼易学三书》、《易话》、《孟子正义》、《里堂算学记》、《剧说》、《花部农谭》、《雕菰集》等。

洪颐煊，字旌贤，号筠轩，临海人。曾肄业于杭州诂经精舍。阮元编《经籍纂诂》时，他曾参与分纂、编韵及补韵方面的工作。嘉庆贡生。入资为直隶州州判，署广东新兴县事。通经史、诸子、天文、舆地、金石之学，尤精经训。治经以郑玄为宗。著有《礼经宫室答问》、《孝经郑注补证》、《诸史考异》、《筠轩文抄》等。

臧庸，原名镛堂，字西成，又字拜经，号在东，武进人。监生。臧琳（1650～1713年）玄孙。师事卢文弨于常州龙城书院。通经史、小学，长于校勘、辑佚。为学主张谨守汉儒之说。曾协助阮元编辑《经籍纂诂》，又曾协助阮元校勘《十三经注疏》中的《周礼注疏》、《春秋公羊传注疏》与《尔雅注疏》。著有《拜经日记》、《皇朝经解》、《拜经堂文集》等。

邓廷桢，字维周，号嶰筠，江宁人。曾入钟山书院，从姚鼐受学。嘉庆进士，改庶吉士，散馆授编修，后外任。道光十五年（1835年），由安徽巡抚升任两广总督。道光十九年，钦差大臣林则徐抵粤后，他与之密切配合，严厉查禁鸦片并整饬海防。同年底，调任闽浙总督。到任后，努力加强防御措施，旋因受诬陷而革职。道光二十一年（1841 年），遣戍伊犁。后释还，授甘肃布政使，迁陕西巡抚，卒于官。著有《诗双声叠韵谱》、《双砚斋笔记》、《双砚斋诗抄》等。

管同，字异之，上元人。少孤贫，从姚鼐受学于钟山书院。道光举人。屡应会试均不第，后卒于赴京途中。他和也曾师事姚鼐于钟山书院的方东树（1772～1851 年）、梅曾亮（1786～1856 年）、刘开（1784～1824 年）并称"姚门四杰"。著有《七经纪闻》、《因寄轩文集》等。

林则徐，字元抚，又字少穆、石麟，晚号竢村老人，侯官（今福建福州）人。中秀才后，肄业于鳌峰书院。嘉庆进士。曾任翰林院编修、浙江杭嘉湖道、江宁布政使、江苏巡抚、湖广总督等。道光十八年（1838 年）十一月，被任命为钦差大臣，赴广东查禁鸦片。次年正月抵任，将所收缴的鸦片 237 万余斤销毁于虎门。并严密设防，屡败来犯英军。又命人翻译外文书报，译辑《四洲志》。还提出在禁止鸦片贸易的同时，与他国进行正常商品贸易。同年十二月（1840 年 1 月）任两广总督，后因遭诬陷而革职。道光二十二年（1842 年）遣戍伊犁。道光二十五年（1845 年）被起用，署陕甘总督，后任陕西巡抚、云贵总督。道光三十年（1850 年）被任命为钦差大臣，赴广西镇压拜上帝会，中途卒于潮州。著有《林文忠公政书》、《云左山房文抄》、《云左山房诗抄》等。

魏源，原名远达，字默深，邵阳人。早年肄业于岳麓书院。中举人后，入资为内阁中书。道光进士，被分发江苏，历署东台、兴化知县，官高邮知州。曾从刘逢禄学习《公羊春秋》，提倡经世致用，与龚自珍并称"龚魏"。道光初，受江苏布政使贺长龄（1784～1848年）聘请，编辑《皇朝经世文编》。又曾为两江总督陶澍（1778～1839年）等筹议漕运、水利、盐政，主张改革。鸦片战争中，加入两江总督裕谦（约1795～1841年）的幕府，参与浙江抗英斗争，并发愤著《圣武记》。后又遵照林则徐的嘱托，依据《四洲志》等文献资料，编成《海国图志》。他主张了解外国情事，提出"师夷长技以制夷"（《海国图志·叙》），建议学习西方制造战舰、火器与养兵、练兵之法，以抵抗外来侵略。哲学上，强调"知"源于"行"；批评宋儒专言"三代"，认为变古愈尽，便民愈甚。暮年沉湎佛学。能诗文。著作还有《诗古微》、《书古微》、《古微堂集》等。

朱次琦，字子襄，一字稚圭，学者称九江先生，南海人。先后肄业于羊城书院与越华书院。道光进士。曾署山西襄陵知县。后返里，居家教授20余年。为学不分汉、宋，注重经世，并强调躬行，崇尚气节。康有为曾从他问学，深受影响。著有《朱九江集》等。

杨锐，字叔峤，又字钝叔，绵竹人。系张之洞的弟子。曾肄业于成都尊经书院。光绪举人。考授内阁中书，升侍读。光绪二十一年（1895年）参加强学会。光绪二十四年，创蜀学会，并参加保国会。同年，与谭嗣同（1865～1898年）、刘光第（1859～1898年）、林旭（1875～1898年）同加四品卿衔，充任军机章京，参预新政。戊戌政变时，与谭嗣同等同时被害，为"戊戌六君子"之一。博学，长于诗。著有《说经堂诗草》等。

唐才常，字黻丞，后改佛尘，自号洴澼子，浏阳人。贡生出身。曾肄业于岳麓书院、校经书院，后又考入两湖书院肄业。《马关条约》签订后，忧愤时局，崇尚今文经学，参与变法维新运动。光绪二十三年，参加创办浏阳算学馆与长沙时务学堂，并任《湘学报》总撰述。次年，任《湘报》总撰述，参与创设南学会、群萌学会。戊戌变法前夕，应谭嗣同电召，拟赴京参与机要，行抵汉口，闻政变发生，流亡香港、新加坡、日本。光绪二十五年，与孙中山（1866～1925年）相见于横滨。又与康有为时通声气，拟起兵"勤王"。次年在上海成立正气会，旋改名自立会，组织自立军，并召开"中国国会"于张园，任总干事。又赴汉口，在英租界设自立军机关，密议起义，被湖广总督张之洞逮捕杀害。著有《唐才常集》。

章炳麟，后改名绛，字枚叔，号太炎，余杭人。肄业于杭州诂经精舍，从俞樾受学。光绪二十一年，加入强学会。次年赴沪，任职《时务报》。因宣传变法维新，戊戌政变后被通缉，一度避地台湾、日本。光绪二十六年割发辫，决意反清革命。光绪二十八年（1902年）再度赴日，参与发起"支那亡国242年纪念会"。光绪二十九年（1903年）发表《驳康有为论革命书》，并为邹容（1885～1905年）《革命军》作序，因苏报案被捕入狱。次年，于狱中与蔡元培

（1868～1940 年） 通信联系，参与筹组光复会。光绪三十二年出狱后，再次赴日，加入同盟会，主编《民报》，与改良派论战。辛亥革命后回国，任大共和日报社社长，并参与组织统一党。旋被袁世凯委任为东三省筹边使。因反袁，被袁软禁北京 3 年。袁死后获释。1917 年，参加护法军政府，任秘书长。五四运动后，逐渐颓唐。九一八事变后，主张抗日救国。晚年迁居苏州，创设章氏国学讲习会，讲学以终。生平博通经史、诸子、语言文字学以及文学、逻辑学、医学等，稔熟历代典章制度，于中西哲学也广为涉猎。他的早期哲学思想具有唯物主义倾向，曾否定"以太"为"心力"之说，认为"以太"是有至微之形的物质与万物的始基。后来则认为物质世界由"意想"所派生，陷入唯心论。著有《章氏丛书》、《章氏丛书续编》、《章氏丛书三编》等。

梁启超，字卓如，号任公，别署饮冰室主人，新会人。肄业于广州学海堂。光绪十五年（1889 年）中举人。自次年始，师事康有为，曾从学于万木草堂。光绪二十一年入京参加会试，闻《马关条约》签订，与康有为发动"公车上书"。旋加入强学会，次年赴上海，主编《时务报》，发表《变法通议》等文，宣传维新变法，声名大著，与康有为合称"康梁"。光绪二十三年，任长沙时务学堂中文总教习。次年入京，被赐六品衔，办理译书局事务，积极参加戊戌变法。戊戌政变后，逃亡日本，创办《清议报》，后又创办《新民丛报》，介绍西方资产阶级的社会政治学说等，对国

内知识界影响颇大。光绪三十一年（1905 年），与
《民报》进行论战，鼓吹开明专制。辛亥革命后回国，
组织进步党。1913 年，出任熊希龄内阁的司法总长。
1915 年，策动蔡锷（1882～1916 年）组织护国军，反
对袁世凯复辟称帝。袁世凯死后，组织研究系。1917
年，任段祺瑞（1865～1936 年）政府财政总长。1918
年底，赴欧洲游历。1920 年回国后，从事文化教育，
先后讲学于南开大学、清华学校等处，后任清华研究
院导师、北京图书馆馆长。他博学多才，著述贯通古
今中外，广泛涉及政治、经济、哲学、法学、历史、
文学、教育、文字、音韵、宗教等领域。戊戌变法前
后，曾大力提倡文体改良的"诗界革命"、"小说界革
命"。文章纵横恣肆，明晰畅达，笔端常带感情，学者
竟喜仿效，号为"新民体"。著作编为《饮冰室合
集》。

黄兴，原名轸，字厪午，号杞园，后改名兴，号
克强，善化人。19 岁始在城南书院读书。24 岁，以名
诸生调入湘水校经堂，继又调入两湖书院深造。在两
湖书院时，课余喜读"西洋革命史及卢梭《民约论》
诸书"，萌发革命思想。28 岁（光绪二十八年）从两
湖书院被选送赴日留学，入东京宏文学院速成师范科
学习，曾参与创办《游学译编》与组织湖南译编社。
次年，参加拒俄义勇队（后改称军国民教育会）。同年
回国，从事革命活动，参与组织华兴会，任会长。光
绪三十年（1904 年），策划在长沙起义，事泄失败，
出走上海，一度入狱。获释后，又被通缉，避走日本。

次年，在日本与孙中山筹组中国同盟会，参与起草章程，并任该会执行部庶务，居协理地位。光绪三十三年（1907年）始，相继参预或指挥钦州、防城起义，镇南关（今友谊关）起义，钦州、廉州、上思起义，云南河口起义，广州新军起义与广州起义（黄花岗之役）。武昌起义后，自香港赶赴武昌，被举为战时总司令，与清军作战。旋赴上海，先后被各省都督府代表举为大元帅与副元帅，均未就职。1912年南京临时政府成立，任陆军总长，后又兼参谋总长。临时政府北迁后，任南京留守。1913年，孙中山发动"二次革命"，他任江苏讨袁军总司令，失败后又赴日本。1914年，对孙中山组织中华革命党之举持异议，拒绝加入，但仍拥护孙中山。后离日赴美养病。旅美期间，曾从事反袁宣传，并为护国军筹款。1916年袁世凯死后，返抵上海，因病逝世。著述被编为《黄兴集》。

陈天华，原名显宿，字星台，号思黄，新化人。幼年家贫，15岁才入塾读书。后入资江书院学习，接着又考入新化求实学堂。光绪二十九年留学日本，参加拒俄义勇队。旋回国从事革命活动，与黄兴等组织华兴会。次年参与筹划在湖南举行起义，事泄失败，流亡日本。光绪三十一年，参与组织中国同盟会，被举为会章起草员之一，并任《民报》撰述员。同年，日本文部省颁布《取缔清韩留日学生规则》，他奋起参加留日学生的抗议斗争，旋投海自杀，留下《绝命辞》，希望以死激动人们共讲爱国。所撰《猛回头》、《警世钟》等书，宣传革命思想，风靡一时。著述被编为《陈天华集》。

宋教仁，字遁初，号渔父，桃源人。光绪二十五年入漳江书院学习，喜爱政治、法律等学科。光绪二十九年考入武昌文普通中学堂。同年，与黄兴、陈天华等创立华兴会。次年，参与筹划在长沙等地起义，事泄失败，流亡日本，相继入法政大学与早稻田大学学习。光绪三十一年同盟会成立后，任该会司法部检事长，又任《民报》庶务干事兼撰述员。宣统二年底（1911 年 1 月初），到上海任《民立报》主笔。宣统三年，参与组织同盟会中部总会，积极筹划在长江流域发动起义。武昌起义爆发后，同黄兴赶赴武昌，协助湖北军政府办理外交，起草《鄂州临时约法》。旋东返，参与筹建南京临时政府。1912 年，南京临时政府成立，任法制局局长。临时政府北迁后，任农林总长，不久辞职，主持将同盟会改组为国民党，任理事，并代理理事长。1913 年初，自家乡省亲后返回上海，沿途发表演说，主张组成责任内阁。3 月 20 日，自上海北上，被袁世凯派人刺杀于上海东站，两天后逝世。著述被编为《宋教仁集》等。

这里还有必要说明：清朝时，具有悠久历史的岳麓书院在培育人才方面的作用尤为引人注目。曾在该书院肄业的著名人物，除魏源、郭嵩焘、唐才常外，还有进行漕运与盐政改革、官至两江总督的陶澍，主持编纂《皇朝经世文编》、官至云贵总督的贺长龄，洋务派的代表人物曾国藩、左宗棠（1812～1885 年）、学贯中西的杰出教育家杨昌济（1871～1920 年）等。

其中，杨昌济的重要历史作用特别值得一提。杨昌济，又名怀中，字华生，长沙人。19 岁考取秀才，28 岁入岳麓书院读书。33 岁以后的 10 年间曾赴日本、英国留学，去德国考察。归国后，在湖南高等师范学校、湖南第一师范学校等校教授伦理学、教育学等，1918 年，任北京大学教授，举家北迁。他思想开明，品德高尚，学识渊博，在教学中非常注意培养学生"立志做有益于社会的正大光明的人"（埃德加·斯诺《西行漫记》，三联书店，1979，第 122 页），因而深受学生的敬爱。他在湖南任教期间，学生们经常到他的寓所登门拜访，向他求教，并一同讨论社会与人生等问题。经他的教育与影响，他的学生中涌现出毛泽东、蔡和森等一大批后来成为无产阶级革命家的进步青年。毛泽东等建立五四时期的重要社团——新民学会，就是与他的启迪分不开的。他曾有诗云："强避桃源作太古，欲栽大木柱长天。"历史事实表明，他正是一位为中国革命培植顶天立地的栋梁之材做出不可磨灭的贡献的优秀人物。

8 清代书院的组织管理、活动内容及其他

清代是中国书院史上书院制度的官学化最为严重的时期（这种状况主要发生在雍正十一年以后）。这在这一时期书院的组织管理、教学内容以及经费收支方面，都有很明显的反映。

（1）清代书院的组织管理，主要表现在两方面。

第一，管理人员方面。清代书院的主持人有"山长"、"院长"、"掌教"、"掌院"、"主讲"等称谓。其中，称"院长"的较之前代显著增多。之所以如此，是由于清廷在乾隆三十年（1765 年）曾下过谕旨，明确提到：书院的主讲席者"应称为院长"（《钦定大清会典事例》卷三九五）。不过也应看到，一则由于"山长"之称已为人们所长期习用，二则由于清廷在以后的谕旨中，有时也仍将书院的主持人称为"山长"等，并不统一，因此，除"院长"以外的其他称谓，特别是"山长"之称，在清朝仍相当流行。

关于清代书院的主持人，还有一点是应当着重指出的。这就是雍正十一年前，不少书院主持人并不是由地方官所延聘，而在雍正十一年后，书院主持人则一般为地方官所延聘，在此同时，政府对书院主持人的控制也大为强化了。其表现：一是清廷曾一再下谕，规定延聘书院主持人，须经各省督抚学臣或府、州、县的地方官慎重挑选，从而将书院主持人的聘任权掌握在政府手中。二是清廷制定了对书院主持人进行考核，并酌情予以奖励或提升的制度。乾隆元年（1736 年），清廷在谕旨中曾明确提到，对于任职满 6 年、有显著成效的书院主持人，应酌量议叙。据记载，正是根据这一规定，原鸿胪寺少卿罗典（1719～1808 年）自乾隆四十七年（1782 年）开始任岳麓书院院长以后，在乾隆五十二年（1787 年）与乾隆五十九年（1794 年），都曾因 6 年期满，实有成效，被交部议叙。又据载，根据这一规定，乾隆间，贵山书院山长张甄陶（1713～1780年）还曾被授以八品的官衔。这也同样体现出，政府对书院主持人控制的加强。

除主持人外，清代书院中较为常见的主要管理人员还有监院、学长与斋长。

监院，其地位仅次于山长或院长，负责院内总务，诸如书院职事与生徒的管理以及经费收支等，一般由官府遴选、委任（大多命府、州县学的学官兼任）。

学长，其地位与职责在不同书院中各不相同。如广州的学海堂与菊坡精舍，均不设山长，分别设学长8人与4人，共同主持教事。这两所书院的学长，责任与山长无异，实际就是山长。而据载：在白鹿洞书院中，则于经义、治事二斋分设经长5人与学长7人（因经义斋教五经，治事斋教礼、乐、射、书、数、历、律七事），生徒有疑难问题时，先应求教于经长、学长，如不能解决，再依次求教于堂长、副讲、主讲，不许躐等。可见，在白鹿洞书院，学长实为最低一级的分科教师。而有些书院中，学长则相当于负责有关生徒管理方面的具体事务的斋长。

斋长，其地位与职责在不同书院中也不相同。如上海求志书院分置经学、史学、掌故、算学、舆地、词章六斋，延聘斋长，负责命题课试。显然，这所书院中的斋长，类似于广州学海堂的学长，实即山长。而在不少书院中，斋长则是从生徒中选拔而出，协助山长、监院从事有关生徒学习、生活等方面具体事务的管理。

在清代书院的组织系统中，较为常见的职事还有书办、门夫、伙夫等。

第二，生徒方面。就生源论，清代初期也有不少不以籍贯为限的书院以及不少不选择生徒的书院。乾隆以后则有很大变化。这时，书院主要分为省立的、府立的、州县立的3种，分别招收本省、本府、本州县的生徒肄业。个别书院所收生徒虽不限本省，但也有确定的范围，如端溪书院与广雅书院的生徒均来自广东、广西两省，两湖书院的生徒来自湖北、湖南两省。与此同时，由于清廷一再颁布谕旨，要求各省督抚饬令地方官对书院生徒必须严加甄别，所以，这时的书院生徒一般都要经过官府所主持的甄别，方能录取。另外，乾隆以后，清朝政府还规定：书院生徒中，才能与器识尤为出众的，准许"荐举一二"（《钦定大清会典事例》卷三九五），以示鼓励。这些都表明，清朝政府对书院生徒的控制也显著加强了。

在生源问题上，有两点应予指出：一是清代书院既有专供举人肄业的书院（如临海三台书院）、专供生员肄业的书院（如池州池阳书院）、专供童生肄业的书院（如扬州广陵书院），也有兼收举人与生员的书院（如贵阳贵山书院）、兼收生员与童生的书院（如苏州平江书院）以及兼收举人、生员与童生的书院（如北京金台书院）。二是清代还出现了专供商籍子弟肄业的书院（如广州越华书院、运城宏运书院）与专供八旗子弟肄业的书院（如杭州梅青书院、成都八旗少城书院）。

　　至于对生徒的管理，清代不少书院也是采用分斋制。比较突出的是颜元的新分斋制构想。大家知道，北宋胡瑗曾设"经义"、"治事"二斋以分科教学。宋朝以后，不少书院虽然实行分斋制，但大都只分斋而不分科，有的书院虽然既分斋又分科，但也仅限于沿袭胡瑗分"经义"、"治事"二斋的传统作法，缺乏创新。清代初期，颜元在主持肥乡漳南书院的教事时，继承并发展了胡瑗关于分科教学的思想，拟定出一个以新的分斋构想为主干的书院建设方案。

　　他的具体分斋构想是，分设以下 6 斋进行教学活动：设文事斋，以教授礼、乐、书、数、天文、地理等；设武备斋，以教授孙武、吴起等人的兵法以及攻守、营阵、水陆诸战法和骑射、技击等；设经史斋，以教授《十三经》、历代史、诰制、章奏、诗文等；设艺能斋，以教授水学、火学、工学、象数等；设理学斋，以教授程朱、陆王之学及静坐等；设帖括斋，以教授八股文。他在讲述自己的这一书院分斋构想时，还曾说，理学与帖括二斋，均应坐南朝北，以表示理学与八股文均与实学相敌对，同时，设此二斋，也是一种应时的权宜之计。显而易见，颜元的这一书院分斋构想，是同他对理学与科举制度所持的批判态度及其重视实学的观点紧密联系的；设立文事与武备二斋，还突出地反映出他力图培养文武兼备的人才的教育思想。由于漳河水溢，书院被淹，颜元在漳南书院所从事的教学活动为时仅 3 个多月，使他通过漳南书院实施自己关于书院分斋新构想的意愿未能充分实现。但这一构想无疑体现出，他试图对传统书院教育进行改革的可贵努力，在中国书院史上有其不可忽视的地位和重要影响。

（2）清代书院的教学。由于清代科举制度的盛行，特别是清朝政府曾明文规定，书院课试"以八股为主"（乾隆九年谕，引自《钦定大清会典事例》卷三九五），所以，这一时期的大多数书院均以八股文即制艺作为主要教学内容。在这些书院中，主要的活动是进行考课。我们知道，书院进行考课起源于宋。由于受到官学"三舍法"的影响，在当时的潭州，就曾实行过"州学生月试积分高等，升湘西岳麓书院（即湘西书院）生，又积分高等，升岳麓精舍（即岳麓书院）生"（《宋史·尹谷传》）的制度。又如，据记载，南宋嘉定年间，广丰县所建龙山书院的"课试"也完全仿照州县学的办法。这都是宋代书院已有考课的明证。不过，在由宋到明这段历史时期里，书院的考课制度既不完备，也不普遍。事实上，只是到了清代，书院的考课才真正形成了一整套制度，并普遍地推行开来。

清代书院的考课分官课与师课两种：官课由地方官命题并主持，师课（又称堂课、斋课、馆课、院课）则由山长命题并主持。考课的内容主要为八股文、试帖诗。书院一般每月都要进行考课，称为月课（有的书院每年正月、十二月停课，有的书院只有季课而无月课）。不同书院月课次数不一，课期不同。每月两课的，官、师课各一次；每月三课的，或官课一次、师课两次，或官课两次、师课一次。师课课卷由山长校阅，官课课卷或由地方官亲自校阅，或由山长代为校阅。有些书院除月课外，还有季课。通过考课，决定书院生徒等级的升降。书院生徒的等级不同，膏火银也有别。如蓝田的玉山书院规定：每月的官课与师课，生员分为超等、特等、一等3等；童生分为上取、次取、又次取3等。如附课生员连续3次考在前3名，附课童生连续3次考在上取前3名，均由附课升入正课；而正课生员连续3次考在一等，正课童生连续3次考在又次取，则均由正课降为附课。

除了以八股文为主要教学内容的书院以外，清代也有一些注重学术或学问传授的书院。这些书院主要有以下三种：

第一，注重传习理学的书院。属于这种书院的有清初的东林书院、关中书院、嵩阳书院、鳌峰书院、姚江书院以及歙县紫阳书院、休宁还古书院等。这些书院或以传习程朱理学为主，或以传习王守仁心学为主。不过，多数书院都是以传习程朱理学为主。

这些书院的主要教学活动是讲学。明代书院的讲会之风，在这些书院中依然颇为盛行。清初书院的讲会同明代一样，也是一种有固定会期与隆重仪式、有组织的活动。有的学者尽管远居外地，也能如期赴约，对讲会活动表现出极大的热情。例如休宁学者施璜曾师事高世泰（1604～1676年）于东林书院，将返故里前，与高世泰约定某年、月、日来书院参加讲会。到了约定的这一天，高世泰为施璜设置床榻，等待他的到来。有人表示怀疑说：远隔1000多里，怎么能肯定施璜一定会来赴约呢？高世泰回答道：施璜是一个行为淳厚的人，如果真的失约不来，我就再不同天下士人交往了。他的话还没说完，施璜果真带着儿子挑着行李，风尘仆仆地来到了书院。这件事后来在东林书院中一直被传为佳话（参见《东林书院志》卷十二）。

需要说明的是，这种以传习理学为主、重视讲会的书院，主要出现于清初。清代中期以后，这种书院渐趋式微。

第二，注重肄习经史词章之学的书院。这种书院兴起于乾隆、嘉庆年间。其时，乾嘉学派的不少学者掌教于书院，这些书院很自然地成为他们研究并传播汉学的基地。由阮元先后创建的杭州诂经精舍与广州学海堂，更是声名卓著的、以肄习经史词章之学为显著特色的汉学最高学府。这两所书院虽然也进行考课，但前者的考课内容为《十三经》、《三史》（《史记》、《汉书》、《后汉书》）疑义，兼及小学、算法、词章等；后者的考课内容是"经学、史笔、词赋"（光绪《广州府志》卷六十六），均非八股文、试帖诗那一套。

阮元所创建的这两所书院，对清代道光以后的书院建设产生了深刻的影响。一方面相继新建了一批与之相同或有类似之处的书院，其中除了前面已提到的湘水校经堂（后于光绪间选址另建，改称校经书院）以外，还有道光间所建的江宁惜阴书院、南昌经训书院，咸丰间所建的南汇芸香草堂，同治间所建的上海龙门书院、广州菊坡精舍、武昌经心书院、上海诂经精舍，光绪间所建的成都尊经书院、太原令德堂、江阴南菁书院、广州广雅书院、苏州学古堂、昆明经正书院等；另一方面，有的原本以八股文课士的书院也改为"专课经解古学"（同治《苏州府志》卷二十五）了。

第三，注重讲求中西实学的书院。这种书院出现于清代末期，最先兴办的是建成于光绪初年的上海格致书院。该书院除延聘西人教授化学、矿学外，还按期延请中西名人学士讲演有关"格致学理"即自然科学知识，并由南、北洋大臣及津海、东海、江海、浙海、粤海各关道分期命题课试，课试命题的内容包括时事洋务、西学与史论。院中还建有博物馆一所，内置各种工艺机械、民用与军用器具以及手工制品、生物标本等，以便观览。显而易见，这种新型书院已与近代学校相近。

从以上可以看出，清代书院大都是有考课的。这一时期，书院在督促生徒学习方面，除了采取考课的方式以外，不少书院还很注意仿照元人程端礼的《读书分年日程》或加以变通，为生徒设立课程。在具体做法上，强调生徒应作读书日记。如琼州琼台书院命生徒各备"功课程簿"一本，遵照程端礼《读书分年日程》所订功课日程，按日将所读之书记上，并定时呈请院长审阅。有些书院的课程虽然并不以《读书分年日程》为准，但也同样强调作读书日记。如广州学海堂规定：该院生徒应于《十三经注疏》、《史记》、《汉书》、《后汉书》、《三国志》、《昭明文选》、杜诗、《昌黎先生集》、《朱子大全》中，自行选择一书肄习，

"或先句读，或加评校，或抄录精要，或著述发明"（林伯桐纂、陈澧续纂《学海堂志·课业》），并于所发"日程簿"首行注明所肄习的书名，以后"按日作课，填注簿内"，随季课呈交学长审核。杭州求是书院也规定：生徒应将读书过程中的"有得之处"撰为日记，按旬汇送查考。不过，也有书院命生徒在日记上不记读书日程或心得体会的。如朱一新任广雅书院院长时，虽然也给该院生徒发日记册，但只要求记载质疑问难之语于其中，然后由他依次进行解答。后来，他的《无邪堂答问》一书，便是就此类答问之语辑录、增补而成的。

（3）清代书院的供祀。清代书院在供祀方面的主要特点是：

第一，伴随着乾嘉汉学的兴起，一些传习经史词章之学的书院很重视供祀汉儒。例如杭州诂经精舍祀许慎、郑玄，广州学海堂祀郑玄。这两所书院都将理学家排除在供祀范围以外。又如江阴南菁书院虽然合祀郑玄、朱熹，但也将郑玄的牌位置于朱熹之前。与此同时，有些汉学家也受到书院的供祀。被供祀的汉学家有江永、卢文弨、戴震、程瑶田、钱大昕、阮元、胡培翚（1782～1849年）等。

第二，许多书院都供祀文昌帝君（即"梓潼帝君"，系道教所尊奉的主宰功名、禄位之神）。不少书院还供祀魁星（中国古代神话中主宰文章兴衰之神"奎星"的俗称）。书院祀文昌帝君与魁星虽然并不自清朝始，但以前尚不普遍。入清以后，由于大多数书院逐渐变为科举考试的预备场所，一般书院生徒以追逐功名利禄为学习宗旨，特别是自嘉庆六年（1801年）始，文昌帝君还被朝廷列入祀典，各省皆立祠庙，所以，书院祀文昌帝君与魁星也随之而成为一种相当普遍的现象。

第三，清代是中国书院史上供祀人物最多的时期。这不仅就全国范围来说是这样（因为清代书院比以往任何一代书院都多），而且就那些始建于以往朝代的书院来说，一般也是这样。如东林书院的从祀人物，在明代陆续增加到 20 人即宋罗从彦、胡珵、喻樗、尤袤、李祥、蒋重珍 6 人，明邵宝、顾宪成、高攀龙等 14 人。入清以后到雍正七年，又增祀 67 人。其中，顺治间增祀明马世奇、陈龙正、华允诚等 11 人，康熙间增祀宋虞荐发 1 人与明邹元标、冯从吾、孙慎行（1565～1636 年）、刘宗周等 39 人以及清张夏、汤斌、陆陇其、宋荦（1634～1713 年）等 13 人，雍正时增祀明姜志礼 1 人与清张伯行、高愈 2 人。于是，该书院的从祀人物达到 87 人之多。又如瀛山书院在明代仅供祀朱熹、詹仪之、周恪、方应时、方世义 5 人。自清初至清末，增祀 37 人，共达 42 人。这些新增祀的人物，大多都是与该书院有关的人物。

还应说明两点：一是清代书院所供祀的本朝著名人物，除了上面已提到的江永等汉学家与东林书院所祀张夏等人以外，还有孙奇逢、傅山、张履祥、张尔岐（1612～1677 年）、施闰章（1618～1683 年）、王夫之、范鄗鼎、阎若璩（1636～1704 年）、陈宏谋

（1696～1771 年）、鄂尔泰（1677～1745 年）、蓝鼎元
（1680～1733 年）、汪绂（1692～1759 年）、全祖望、
陆燿（1723～1785 年）、姚鼐、薛时雨（1818～1885
年）、李联琇（1820～1878 年）等。二是清代书院同
以前各代一样，对于所祀人物，一般也都有春、秋二
祭。不同书院春、秋二祭的时间并不统一。供祀文昌
帝君与奎星的书院，于文昌帝君与奎星也有固定的祭
期。此外，应当提到的是，这一时期，书院的祭祀典
礼也分为"释奠"与"释菜"两种。

（4）清代书院的藏书与刻书较以往朝代都多。

第一，藏书方面，清代书院的藏书事业比之于以
往有了很大的发展。不仅书院藏书已成为一种相当普
遍的现象，而且出现了不少藏书甚富的书院。如广州
广雅书院藏书 53000 余册，苏州学古堂藏书 8 万余卷，
太平仙源书院藏书 7 万余卷，惠州丰湖书院藏书 53000
余卷，开封大梁书院藏书 36000 余卷，保定莲池书院
藏书 33000 余卷，福州鳌峰书院、芜湖中江书院、南
宁蔚南书院均藏书数万卷，琼山琼台书院藏书 2 万卷。
其余藏书在万卷以上的书院还有长沙岳麓书院、昆明
五华书院、襄阳鹿门书院、同州（今陕西大荔）丰登
书院、泾阳陕甘味经书院等。

鸦片战争后，随着近代西学的传入，一些书院还
很注意收藏有关西方政治、外交、历史、地理、军事、
科技等方面的书籍。如大梁书院所藏西学书籍在千卷
以上，其中有《海国大政记》、《时事新论》、《各国交
涉公法论》、《万国公法》、《泰西新史揽要》、《法国新

志》、《俄国新志》、《历代万国史论》、《天下五洲各大国志要》、《海道图说》、《万国总说》、《法国水师考》、《英国水师考》、《美国水师考》、《列国陆军制》、《海军调度要言》、《兵船炮法》、《水雷秘要》、《重学》、《天文启蒙》、《代数启蒙》、《电学》、《开煤要法》、《各国铁路图考》等。广雅书院也藏有《西政丛书》、《西学大成》、《万国史略》、《西艺知新》、《圜天图说》、《地学备考》、《水师操练》、《开地道轰药法》等多种西学著作。

这里还有必要说明两点：

一是书院藏书的来源有朝廷颁赐、官府拨款购置、私人捐赠、书院自购与自刻等。其中，私人捐赠的活动十分活跃。例如康熙间，福建巡抚张伯行在建立鳌峰书院时，即曾捐献家中藏书千卷给该书院。乾隆时，刘大铺在署理金堂知县时，也曾为该县绣川书院"捐购藏书若干部"（嘉庆《四川通志》卷七十九）。同治间，张之洞在任湖北学政时，也曾用自己的俸银购买书籍，赠给经心书院。除了这些地方官吏外，向书院捐赠书籍的还有学者、乡绅、商号等。

二是书院在图书的购求、收藏、借阅、维护等方面，已形成了一整套制度。在图书的购求方面，大梁书院就有购书要"先择其最有用者购之"（顾桢《大梁书院藏书总目》卷首《购书略例》）以及所购各书的价格清单要汇存在一起，以备随时检查等规定。在图书的收藏、借阅与维护方面，该书院规定：用司书吏一人经管图书，用司阍役一名掌管藏书室的锁和钥匙；书院备一阅书簿，由司书吏保存，肄业生徒要借阅图书的，必须邀同斋长一人，告诉司书吏检取，于簿内记明某月某日，取某书几卷几本，某生阅，斋长某人，并分别在各自的名字下面画押；每人每次只许借书一种，不得超过五卷，至迟10日交还，不得过期，交还后再借；取出各书交还后，司书吏即于阅书簿内注明某日交还，并查明原书有无损坏，无则归架，有则问明情况，报请监院官查处；每满一季，司书吏将阅书簿送呈监院官审阅，年终则送院长审阅；所存各书，每到伏天，酌量抖晾一次，由司书吏禀明监院官，先派数人，细心从事，勿使凌乱；书籍因年久而函、线损坏，由司书吏禀明监院官，酌情更换、重装；每满一年，监院官将所存各书抽查一次，如有损失，则令赔偿。由以上来看，大梁书院的图书管理制度是相当严密的。

第二，刻书方面，清代是中国书院刻书事业的鼎盛期。在中国书院史上，这一时期的书院刻书之富是首屈一指的。书院所刻书，既有已往朝代的旧著，也有本朝人的新著；既有书院山长的作品，也有书院生徒的作品；既有学术专著，也有八股文与读书日记；既有理学家的著述，也有汉学家的著述。就图书分类而言，则既有经、史、子、集各部的著作，也有丛书。如康熙四年（1665年）紫阳书院所刻梁于涘、扶纲辑《铁桥志书》2卷，康熙三十年（1691年）嵩阳书院所刻耿介辑《中州道学编》2卷，康熙四十一年（1702年）万松书院所刻张行言《圣门礼乐统》24卷、《纲领》1 卷、《图考》1 卷，乾隆十七年（1752 年）黄华书院所刻杨潮观纂《林县志》10 卷、首 1 卷、末 1 卷，乾隆二十二年（1757 年）泝源书院所刻宋弼辑订《诗说二种》2 卷，乾隆五十四年（1789 年）端溪书院所刻马骏良《禹贡图说》1 卷、附《节读》1 卷，嘉庆七年（1802 年）洋川书院所刻洪亮吉撰、吕培等编《更生斋文甲集》4 卷、《乙集》2 卷、《诗集》8 卷、附《诗余》2 卷、《年谱》1 卷，道光九年（1829 年）广州学海堂所刻阮元辑《皇清经解》1400 卷，道光十年关中书院所刻李因笃《续刻受祺堂文集》4 卷，道光十九年泾川书院所刻顾翰辑《泾川诗抄》20 卷，道光二十年暨阳书院所刻董士锡《齐物论斋文集》6 卷，道光、咸丰间大梁书院所刻钱仪吉辑《经苑》261 卷，同治七年（1868 年）羊城书院所刻项名达《下学荨算术》3 卷，同治十年（1871 年）福州正谊书院所刻陈寿祺纂、魏敬中续纂道光《重纂福建通志》278 卷、首 7 卷，同治十三年（1874 年）莲池书院所刻陈崇砥《治蝗书》1 卷，光绪二年成都尊经书院所刻张澍《蜀典》12 卷，光绪三年（1877 年）菊坡精舍所刻陈旸《陈氏乐书》200 卷，光绪十四年（1888 年）南菁书院所刻王先谦辑《皇清经解续编》1430 卷与王先谦、缪荃孙辑《南菁书院丛书》8 集 152 卷，光绪二十一年陕甘味经书院所刻刘光蕡等《史记校勘札记》130 卷、《论例》1 卷、《补》1 卷，光绪二十三年两湖书院所刻金承钰《金正希年谱》1 卷，光绪二十五年端溪书院所刻梁鼎芬等辑《端溪丛书》69 卷，光绪二十九年经心书院所刻《舆地学课程》（无卷数）。此外还有杭州诂经精舍所刻《诂经精舍文集》8 集，广州学海堂所刻《学海堂初集、二集、三集、四集》、菊坡精舍所刻《菊坡精舍集》，南菁书院所刻《南菁文抄》，关中书院所刻《志学斋日记》，广雅书院所刻《广雅丛书》等。

（5）清代书院的建筑结构与经费收支。这些问题比较复杂，分述如下。

第一，建筑结构。典型的清代书院，主要建筑也包括礼殿、祠堂、讲堂、斋舍（或称号舍、书舍等）、藏书楼等。不过，清代书院的建筑结构还很有特点：一是不少书院都建有考棚或文场，以作为对生徒进行考课的场所。这自然同这一时期书院盛行考课有关。二是不少书院除了为山长建有专用居室（这在前代早已有之）外，还为监院建有专用住房。这显然是与这一时期不少书院设有监院一职紧密联系的。三是伴随着书院供祀文昌帝君与奎星的活动愈来愈普遍化，许多书院都建有文昌阁，不少书院还有奎星阁（或魁星楼）。

第二，经费收入。清代的大多数书院都是以学田的田租作为主要或唯一的收入来源。这一时期的书院学田，既有政府所拨或用公款购置的，也有私人所捐的。学田在 2000 亩以上的书院有江阴南菁书院、遵化兰阳书院、清河（今江苏淮阴）崇实书院、广州广雅书院、遵化燕山书院、苏州紫阳书院、安庆培原书院、安东（今江苏涟水）清涟书院、涿州鸣泽书院、广州学海堂、常熟游文书院、大城凤台书院、兰田玉山书院、奉天萃升书院等。其中，南菁书院的学田在光绪十四年为 2 万亩，后来又有所增加。兰阳书院与崇实书院的学田分别为 13120 多亩与 10979 亩，广雅书院的学田为 8200 亩。学田在千亩以上的书院还有太和的西云书院、蓟州（今天津蓟县）的渔阳书院、长沙的岳麓书院、登封的嵩阳书院、唐县的唐岩书院、无锡的东林书院、山阳的奎文书院、修武的宁城书院、宁海的南金书院、台湾钓海东书院、铁岭的银冈书院等。

这里还应说明：

一是清代书院除了大多以学田的田租为主要或唯一经费来源以外，不少书院还有其他项目的经费收入。其中以利息收入为经费来源之一者居多。如广州学海堂除田租收入外，还以银 4000 两"发商生息"。清河崇实书院除田租等收入外，也以银 1000 两、钱 2000 千文存入钱庄生息。在丝织业较为发达的江南地区，有的书院还由当地钓丝业每年捐资以助经费。也有些书院直接以官府所拨公款或以房租等作为经费来源之一。与此同时，这一时期还出现了一小部分以"发商生息"为主要或唯一经费收入的书院。清朝时期，对于书院来说，将钱款交由当铺、盐商等经营或存入钱庄以获取利息，已成为一种比较常见的现象。这无疑反映出，这一时期商品经济的发展给书院带来的深刻影响。

二是雍正十一年后，清朝政府为了加强对书院的控制，比较重视向书院提供经费。除了直接给书院划拨学田外，还通过向省会书院赏赐帑金或拨款，以满足它们在购置学田等方面的需要。如前所述，还在雍正十一年，清廷在谕令各督抚于各直省省会遍设书院时，便曾宣布，各赐帑金以为经费，不足的部分，于存公银内支用。正是根据这一谕旨，直隶莲池书院，江苏钟山、紫阳书院，浙江敷文书院，江西豫章书院，湖北江汉书院，福建鳌峰书院，山东泺源书院，山西晋阳书院，河南大梁书院，陕西关中书院，甘肃兰山书院，四川锦江书院，云南五华书院，贵州贵山书院，广东粤秀、端溪书院均得帑银 1000 两，湖南岳麓、城南二书院及广西秀峰、宣城二书院，分别共得帑银 1000 两。清廷在颁赐这批帑金时明确要求，这批帑金应用于供这些书院每年收取租息之需。与此同时，对于其余书院，清廷也允许地方官拨公款经理。后来，清政府又曾给有的省会书院加赐帑金，并给有的省会书院调拨公款。这就使清代书院的发展（特别是省会书院的发展），在经费方面有了比以往朝代更为充分的条件。

第三，经费支出。清代书院的经费支出，大体可分为以下诸项：

一是支付山长的费用。其中包括束修银（或称束金、修金）、薪水银（或称薪蔬银、火食银、膳金）、节仪银（或称节敬）、聘礼银（或称聘金）等。

二是支付书院其他管理人员的费用。包括监院薪水银、斋长薪水银、学长辛劳银、书办工食银、门夫工食银、火夫工食银等。

三是支付书院生徒的费用。主要是膏火银。有些书院还另有加奖银（又称奖赏银）或宾兴银（生员、举人参加科举考试所需的费用）等。

四是支付祭祀的费用。

五是支付书院修缮的费用。

六是支付购买图书的费用以及其他所需的费用。

就一般书院而言，在以上诸项经费支出中，支付生徒的费用与支付山长的费用所占比例都很大，而支付监院等管理人员的费用以及支付祭祀、修缮、购书与其他所需的费用，所占比例则都不大。例如，同治九年，广州应元书院所支付的 3240.12 两银中，掌教薪修银为 300 两，占 24.69%；生徒膏火银为 1430 两，占 44.14%；生徒奖赏银为 168.2 两，占 5.19%。三项共计 2398.2 两，占 74.02%。而支付监院等管理人员、祭祀、修补之费以及其他费用的总和才 841.92 两，占 25.98%。从这里可以看出，书院的经费支出明显地体现出以从事教学活动的书院师生为主的精神。

八　清末书院改制

书院改制的原因

清代既是中国历史上书院分布最为广泛的时期，又是书院积弊日深，以致最终被废改的时期。

如前所述，清代书院的官学化十分严重，这种严重的官学化势必造成书院的种种弊端。这一时期的书院弊端主要表现在以下两个方面。

第一，书院山长多不称职。这一时期，虽然有不少具有真才实学的文人学者曾在书院充任主持人或从事讲学活动，但同清代260多年漫长岁月中所曾任职于书院的大量山长相比，他们毕竟只占很小的比例。大多数的书院山长，则诚如有人所指出的那样，不过是"以疲癃充数"（《清朝文献通考》卷一百）而已。清朝政府虽曾明文规定，延聘书院主持人须经地方官慎重选择，但实际上，一些地方官往往正是利用了这一点，随意滥用私人，而不问其学问和品行。还在乾隆年间，便已出现书院院长"多系上官同僚互相推荐，遂致徇情延请，有名无实"（《钦定大清会典事例》卷三九五）的现象。嘉、道以后，情况更为严重，许多书院都被地方官"攘为己有"，各请院长以主之。他们所聘请的院长，或为朝中官员所推荐，或为上级官吏所授意，或为自己的亲朋好友，或为通过自己的亲朋好友来向自己谋求职位的人。至于其人是否真正具备为师的条件，则根本不在考虑之内。在这种局面下，清代的大多数书院讲席，自然会被许多不学无术者所占据，甚至还出现了不少只知向书院索取束修等报酬，却从来不到书院露面，被人称为"食干俸"的挂名"院长"。

　　第二，大多数书院生徒专究制艺，别无所事。清朝政府曾明文规定，书院课试以八股为主，由此导致清代的大多数书院均以八股文为主要教学内容，成为科举考试的预备场所。这就必然驱使大多数书院生徒以功名利禄为唯一追求，只知推敲八股格式，将精力完全消磨于无用之学。同时，由于清朝政府为了加强对书院的控制，比较重视向书院提供经费，所以，不少书院生徒往往仅仅是为谋取膏火银以糊口而来。他们一味热衷于比较所得膏火银与加奖银的多少，竞争课试名次、等级的先后，并为此而互相攻讦，甚至不惜作伪舞弊。书院士风由此而日益败坏。另外，由于贪恋膏火，书院中还出现了一些年过六旬，头白齿豁、两眼昏花的老年生徒。在这种情况下，清代的大多数书院无疑难以真正起到培养人才的作用。

　　上述书院的弊端，随着时间的推移愈演愈烈。到了光绪年间，书院的内部状况更加腐败。潘衍桐在光绪十年（1884年）所上《奏请开艺学科折》中，曾尖锐指出：当时的书院，"有名无实者十居八九"。可见，这时的书院积弊已到了无可挽回的地步。这样，书院改制的问题，也就自然成为不可避免的了。

导致清末书院改制的原因，除了书院弊端积重难返以外，还有更为深刻的社会原因。自鸦片战争后，中国不断遭受外国列强的侵略，民族危机日益严重，社会危机日益加深。有识之士愈来愈认识到：为了抵抗外侮，富国强兵，就必须向西方学习，并培养出通晓西学的新型人才。但当时书院的教学内容，无论是制艺，还是理学、汉学等，都属于旧学的范畴，根本不能适应这一社会要求。而这种不适应，归根结底是书院作为原有封建社会上层建筑的组成部分，与鸦片战争后中国社会的经济基础已逐渐发生变化不相适应的反映。这一点，尤其决定了书院改制的必不可免。

2 书院改制的经过

清末的书院改制是以甲午战争的失败为契机而正式提上历史日程的。这次战后，帝国主义列强愈发加剧了对中国的侵略活动，使中国面临着空前严重的瓜分危机。在这种形势下，书院教育同社会需要不相适应的情况更加尖锐地突现出来。于是，伴随着康有为、梁启超等资产阶级维新派代表人物所领导的变法维新运动的兴起，书院改制问题也成为当时的重要议题之一。

光绪二十一年闰五月，顺天府尹胡燏棻在所上《变法自强折》中，率先提出改书院为学堂的建议。他的具体主张是：先将省会书院归并裁改，创立"各项学堂"，向生徒印发已经译出的各种西学书籍，聘请有学问的西方人士和本国在西学方面有造就的人士担任教习。第二年五月，刑部侍郎李端棻也在所上《请推广学校折》中提出：可下令让每省每县各改一所书院为学堂。

与上述改书院为学堂的主张不同，山西巡抚胡聘之、学政钱骏祥在光绪二十二年（1896 年）六月所上《请变通书院章程折》中，则提出了一种对书院进行变通、整顿的主张。他们认为，尽可另立学堂，以"交资互益"，而不必改书院为学堂，只要"善变书院之法"就可以了。他们"变书院之法"的具体建议是：大量裁汰书院学额，每月诗文等课酌量并减。然后综核经费，更定章程，"延硕学通儒为之教授"，研习经义、史事、时务与算学，对天文、舆地、农务、兵事和一切有用之学，也应分门别类地进行研讨。他们在奏折中还提到，拟在山西令德书院从事这种试点，并在天津、上海"广购译刻天算格致诸书"，以供书院生徒学习。可以看出，这是一个将西学纳入书院教学内容的折中性方案。同年八月，侍讲学士秦绶章在所上《请整顿各省书院预储人才折》中，又提出整顿书院的三项办法，即定课程、重师道与核经费。所谓定课程，即主张仿照宋人胡瑗的"苏湖教法"，将书院课程分为经学（附设经说、讲义、训诂）、史学（附设时务）、掌故之学（附设洋务、条约、税则）、舆地之学（附设测量、图绘）、算学（附设格致、制造）、译学（附设各国语言文字）6 类。肄业生徒可以专攻一艺，也可以兼学数艺，各从其便。至于制艺试帖，折中认为，每处留一书院课之已足。所谓重师道，即主张书院山长须由公选，不论爵位年岁，只取品行端方，学问渊博，为众望所归者。考虑到算学、译学可能为当时一般的书院山长所不能讲授，折中主张可公选生徒中通晓者各一人立为斋长，从事教学，而仍禀承于山长。所谓核经费，即主张保证使书院通过学田、公款生息、私人捐助等渠道，均有常年经费，如果偏僻的地区经费不足，可就本地公款酌量拨给。

除了以上两种主张外，还有因受建成于光绪初年的上海格致书院的影响，而主张另外创立兼课中西实学的新式书院的。这种主张具体反映在陕西巡抚张汝梅、学政赵维熙于光绪二十二年五月所上的《陕西创设格致实学书院折》中。这篇奏折一方面批评旧式书院所学习的内容，除经史外，无非是制艺诗赋而已，欠缺务实的精神；另一方面也不满于当时的一些新设学堂只学习西学，而将中国的经籍典章抛在一边，因而要求创办一种"不必限定中学西学，但期有裨实用"的格致实学书院。

光绪二十二年八月，清朝政府将以上主张一并通报各省督抚学政，命他们"参酌采取"。在此后的一年多时间里，各地的做法不一，大致可以分为以下两种：

第一，创设兼课中西实学的书院，如陕西、浙江所分别创设的泾阳崇实书院（原名格致实学书院）与杭州求是书院。泾阳崇实书院的教学内容除中学外，兼习外国政治、法律、军事、历史、地理、语言文字以及科学、技术等。杭州求是书院则延聘一西人为正教习，授各种西学，华教习二人，一授西文，一授算学，并命生徒每日肄业之暇，泛览经史、本朝掌故及中外报纸，"务期明体达用"（《清朝续文献通考》卷一百）。

第二，就原有书院变更章程，进行整顿。实行这种做法的，除山西令德书院外，还有两湖书院、经心书院等。两湖书院与经心书院都是由湖广总督张之洞亲自酌照学堂办法改定课程的。按照张之洞的规划，两湖书院经整顿后，分设经学、史学、地舆学（附设图学）、算学4门，诸生于4门皆须兼通。经心书院经整顿后，分设外政、天文、格致、制造4门，诸生于4门也皆须兼通。两所书院均以"中学为体，西学为用"为办学宗旨，学习期限均定为5年。

可以看出，在这段时间里，书院改制实际上还主要限于变通书院的教学内容方面。至于书院形式的发生改变，则是到戊戌变法期间才出现的。光绪二十四年五月十五日，亦即戊戌变法开始后不到一个月，康有为即上《请饬各省改书院淫祠为学堂折》，建议将"公私现有之书院、义学、社学、学塾，皆改为兼习中西之学校"。光绪帝采纳了他的这一建议，于同月二十二日下谕："将各省府厅州县现有之大小书院，一律改为兼习中学西学之学校。至于学校等级，自应以省会之大书院为高等学，郡城之书院为中等学，州县之书院为小学。皆颁给《京师大学堂章程》，令其仿照办理。"（《清德宗实录》卷四二〇）此后，有些地区随即展开了书院改学堂的活动。如江苏学政瞿鸿禨（1850～1918年）于同年七月奏请：将江阴南菁书院照省会学堂之例，改为高等学堂。两江总督刘坤一（1830～1902年）也奏陈，拟于江宁设江南学堂以作为高等省学堂，将旧有的钟山、尊经、惜阴、文正、凤池、奎光6所书院，一并改为府县各学堂。

不过，这次书院改学堂的活动为时甚短。光绪二十四年八月，戊戌政变发生，同年九月三十日，慈禧太后下谕，命停罢学堂。谕旨中说："书院之设，原以讲求实学，并非专尚训诂词章。凡天文、舆地、兵法、算学等经世之务，皆儒生分内之事，学堂亦不外乎此。是书院之与学堂，名异实同，本不必定须更改。现在时事艰难，尤应切实讲求，不得谓一切有用之学，非书院所当有事也。"于是，不仅刚刚开始不久的书院改学堂的活动犹如昙花一现，即告中止，而且，有的原来并非书院的学堂也随之而改为书院。例如，创立于光绪二十三年的长沙时务学堂，就是在戊戌政变后的第二年改为求实书院的。又如光绪二十四年由原江宁储才学堂所改创的江南高等学堂，也于光绪二十五年改名为格致书院了。

但是，历史发展的必然趋势终究是不可逆转的。由于光绪二十六年八国联军攻陷北京以及次年签订丧权辱国的《辛丑条约》，腐朽的清王朝愈发内外交困，风雨飘摇。在这种局面下，为了缓和人民群众的反抗情绪，挽救自身的腐朽统治，以慈禧太后为首的清朝政府也不得不实行所谓"新政"，其内容之一便是改书院为学堂。光绪二十七年（1901年）五月，湖广总督张之洞与两江总督刘坤一曾联合上《变通政治人才为先，遵旨筹议折》，主张育才兴学。折中谈到："今日书院积习过深，假借姓名，希图膏奖，不守规矩，动滋事端，必须正其名曰学，乃可鼓舞人心，涤除习气。如谓学堂之名不古，似可即名曰各种学校，既合古制，且亦名实相符。"清廷采纳了这一建议，于同年八月初二日下谕："将各省所有书院于省城均改设大学堂，各府厅直隶州均设中学堂，各州县均设小学堂，并多设蒙养学堂。"接着，书院改学堂的活动又重新展开。例如光绪二十七年，浙江巡抚任道镕奏陈：将杭州求是书院改为省城大学堂，养正书院改为杭州府中学堂，并改崇文、紫阳两书院为钱塘、仁和两县小学堂。光绪二十八年，广州广雅书院改为广东大学堂（次年又改为广东高等学堂），长沙求实书院改为湖南大学堂，上海敬业书院改为敬业学堂（后定名为官立敬业高等小学堂）。光绪二十九年，岳麓书院与湖南大学堂合并，改为湖南高等学堂，苏州正谊书院改为府中学堂。同年，白鹿洞书院废（后于其地改设江西高等林业学堂），广州越华书院废（次年，以其地改建广州府中学堂），菊坡精舍废（后与应元书院一并改建为存古学堂）。光绪三十年，上海龙门书院改为苏松太道立师范学校（后改称省立第二师范学校）。

　　这里需要说明的是，从全国范围看，这一活动在最初的三四年间，进展还很不平衡，不少地区仍按兵不动。这是由于当时科举制度尚未废除，以教授制艺为主的书院对于许多士子仍具有吸引力，不少地区因而抱观望态度。然而，这种情况并没有持续多久。在社会舆论的压力下，光绪三十一年，两湖总督张之洞、直隶总督袁世凯等 6 名封疆大吏联名奏请立停科举，清廷为形势所迫，只好于同年八月四日下谕废止科举制度。而这也就使一般士子凭借侥幸得第以进入仕途的希望彻底化为泡影，从而使书院改学堂的步伐显著加快。在此后的几年间，全国书院便都陆续停办，或改为学堂，或废弃不用。自唐以来，有着连绵不断、长达千年以上历史行程的中国书院制度就此告终。

参考书目

1. 盛朗西：《中国书院制度》，中华书局，1934。

2. 刘伯骥：《广东书院制度沿革》，商务印书馆，1939。

3. 张正藩：《中国书院制度考略》，台湾中华书局，1981，江苏教育出版社，1985。

4. 陈元晖、尹德新、王炳照：《中国古代的书院制度》，上海教育出版社，1981。

5. 隋树森：《中国历代教育制度》，江苏教育出版社，1981。

6. 章柳泉：《中国书院史话》，教育科学出版社，1981。

7. 陈景磐：《中国近代教育史》，人民教育出版社，1983。

8. 毛礼锐主编《中国教育史简编》，教育科学出版社，1984。

9. 杨荣春：《中国封建社会教育史》，广东人民出版社，1985。

10. 杨慎初、朱汉民、邓洪波：《岳麓书院史略》，岳麓书社，1986。

11. 杨金鑫：《朱熹与岳麓书院》，华东师范大学出版社，1986。

12. 杨布生：《岳麓书院山长考》，华东师范大学出版社，1986。

13. 湖南大学岳麓书院文化研究所编《岳麓书院一千零一十周年纪念文集》第一辑，湖南人民出版社，1986。

14. 陈谷嘉主编《岳麓书院名人传》，湖南文学出版社，1988。

15. 李才栋：《白鹿洞书院史略》，教育科学出版社，1989。

16. 朱汉民：《中国的书院》，商务印书馆，1991。

17. 杨布生、彭定国：《中国书院与传统文化》，湖南教育出版社，1992。

18. 丁钢、刘琪：《书院与中国文化》，上海教育出版社，1992。

《中国史话》总目录

系列名	序号	书名	作者	
物质文明系列（10种）	1	农业科技史话	李根蟠	
	2	水利史话	郭松义	
	3	蚕桑丝绸史话	刘克祥	
	4	棉麻纺织史话	刘克祥	
	5	火器史话	王育成	
	6	造纸史话	张大伟	曹江红
	7	印刷史话	罗仲辉	
	8	矿冶史话	唐际根	
	9	医学史话	朱建平	黄　健
	10	计量史话	关增建	
物化历史系列（28种）	11	长江史话	卫家雄	华林甫
	12	黄河史话	辛德勇	
	13	运河史话	付崇兰	
	14	长城史话	叶小燕	
	15	城市史话	付崇兰	
	16	七大古都史话	李遇春	陈良伟
	17	民居建筑史话	白云翔	
	18	宫殿建筑史话	杨鸿勋	
	19	故宫史话	姜舜源	
	20	园林史话	杨鸿勋	
	21	圆明园史话	吴伯娅	
	22	石窟寺史话	常　青	
	23	古塔史话	刘祚臣	

系列名	序号	书 名	作 者
物化历史系列（28种）	24	寺观史话	陈可畏
	25	陵寝史话	刘庆柱　李毓芳
	26	敦煌史话	杨宝玉
	27	孔庙史话	曲英杰
	28	甲骨文史话	张利军
	29	金文史话	杜　勇　周宝宏
	30	石器史话	李宗山
	31	石刻史话	赵　超
	32	古玉史话	卢兆荫
	33	青铜器史话	曹淑芹　殷玮璋
	34	简牍史话	王子今　赵宠亮
	35	陶瓷史话	谢端琚　马文宽
	36	玻璃器史话	安家瑶
	37	家具史话	李宗山
	38	文房四宝史话	李雪梅　安久亮
制度、名物与史事沿革系列（20种）	39	中国早期国家史话	王　和
	40	中华民族史话	陈琳国　陈　群
	41	官制史话	谢保成
	42	宰相史话	刘晖春
	43	监察史话	王　正
	44	科举史话	李尚英
	45	状元史话	宋元强
	46	学校史话	樊克政
	47	书院史话	樊克政
	48	赋役制度史话	徐东升
	49	军制史话	刘昭祥　王晓卫

系列名	序号	书 名	作 者
制度、名物与史事沿革系列（20种）	50	兵器史话	杨毅 杨泓
	51	名战史话	黄朴民
	52	屯田史话	张印栋
	53	商业史话	吴慧
	54	货币史话	刘精诚 李祖德
	55	宫廷政治史话	任士英
	56	变法史话	王子今
	57	和亲史话	宋超
	58	海疆开发史话	安京
交通与交流系列（13种）	59	丝绸之路史话	孟凡人
	60	海上丝路史话	杜瑜
	61	漕运史话	江太新 苏金玉
	62	驿道史话	王子今
	63	旅行史话	黄石林
	64	航海史话	王杰 李宝民 王莉
	65	交通工具史话	郑若葵
	66	中西交流史话	张国刚
	67	满汉文化交流史话	定宜庄
	68	汉藏文化交流史话	刘忠
	69	蒙藏文化交流史话	丁守璞 杨恩洪
	70	中日文化交流史话	冯佐哲
	71	中国阿拉伯文化交流史话	宋岘

系列名	序 号	书 名	作 者	
思想学术系列 (21种)	72	文明起源史话	杜金鹏	焦天龙
	73	汉字史话	郭小武	
	74	天文学史话	冯 时	
	75	地理学史话	杜 瑜	
	76	儒家史话	孙开泰	
	77	法家史话	孙开泰	
	78	兵家史话	王晓卫	
	79	玄学史话	张齐明	
	80	道教史话	王 卡	
	81	佛教史话	魏道儒	
	82	中国基督教史话	王美秀	
	83	民间信仰史话	侯 杰	
	84	训诂学史话	周信炎	
	85	帛书史话	陈松长	
	86	四书五经史话	黄鸿春	
	87	史学史话	谢保成	
	88	哲学史话	谷 方	
	89	方志史话	卫家雄	
	90	考古学史话	朱乃诚	
	91	物理学史话	王 冰	
	92	地图史话	朱玲玲	
文学艺术系列 (8种)	93	书法史话	朱守道	
	94	绘画史话	李福顺	
	95	诗歌史话	陶文鹏	
	96	散文史话	郑永晓	
	97	音韵史话	张惠英	
	98	戏曲史话	王卫民	
	99	小说史话	周中明	吴家荣
	100	杂技史话	崔乐泉	

系列名	序号	书名	作者	
社会风俗系列（13种）	101	宗族史话	冯尔康	阎爱民
	102	家庭史话	张国刚	
	103	婚姻史话	张 涛	项永琴
	104	礼俗史话	王贵民	
	105	节俗史话	韩养民	郭兴文
	106	饮食史话	王仁湘	
	107	饮茶史话	王仁湘	杨焕新
	108	饮酒史话	袁立泽	
	109	服饰史话	赵连赏	
	110	体育史话	崔乐泉	
	111	养生史话	罗时铭	
	112	收藏史话	李雪梅	
	113	丧葬史话	张捷夫	
近代政治史系列（28种）	114	鸦片战争史话	朱诤汉	
	115	太平天国史话	张远鹏	
	116	洋务运动史话	丁贤俊	
	117	甲午战争史话	寇 伟	
	118	戊戌维新运动史话	刘悦斌	
	119	义和团史话	卞修跃	
	120	辛亥革命史话	张海鹏	邓红洲
	121	五四运动史话	常丕军	
	122	北洋政府史话	潘 荣	魏又行
	123	国民政府史话	郑则民	
	124	十年内战史话	贾 维	
	125	中华苏维埃史话	杨丽琼	刘 强
	126	西安事变史话	李义彬	
	127	抗日战争史话	荣维木	

系列名	序号	书名	作者	
近代政治史系列（28种）	128	陕甘宁边区政府史话	刘东社	刘全娥
	129	解放战争史话	朱宗震	汪朝光
	130	革命根据地史话	马洪武	王明生
	131	中国人民解放军史话	荣维木	
	132	宪政史话	徐辉琪	付建成
	133	工人运动史话	唐玉良	高爱娣
	134	农民运动史话	方之光	龚 云
	135	青年运动史话	郭贵儒	
	136	妇女运动史话	刘 红	刘光永
	137	土地改革史话	董志凯	陈廷煊
	138	买办史话	潘君祥	顾柏荣
	139	四大家族史话	江绍贞	
	140	汪伪政权史话	闻少华	
	141	伪满洲国史话	齐福霖	
近代经济生活系列（17种）	142	人口史话	姜 涛	
	143	禁烟史话	王宏斌	
	144	海关史话	陈霞飞	蔡渭洲
	145	铁路史话	龚 云	
	146	矿业史话	纪 辛	
	147	航运史话	张后铨	
	148	邮政史话	修晓波	
	149	金融史话	陈争平	
	150	通货膨胀史话	郑起东	
	151	外债史话	陈争平	
	152	商会史话	虞和平	
	153	农业改进史话	章 楷	
	154	民族工业发展史话	徐建生	
	155	灾荒史话	刘仰东	夏明方
	156	流民史话	池子华	
	157	秘密社会史话	刘才赋	
	158	旗人史话	刘小萌	

系列名	序号	书　名	作　者
近代中外关系系列（13种）	159	西洋器物传入中国史话	隋元芬
	160	中外不平等条约史话	李育民
	161	开埠史话	杜　语
	162	教案史话	夏春涛
	163	中英关系史话	孙　庆
	164	中法关系史话	葛夫平
	165	中德关系史话	杜继东
	166	中日关系史话	王建朗
	167	中美关系史话	陶文钊
	168	中俄关系史话	薛衔天
	169	中苏关系史话	黄纪莲
	170	华侨史话	陈　民　任贵祥
	171	华工史话	董丛林
近代精神文化系列（18种）	172	政治思想史话	朱志敏
	173	伦理道德史话	马　勇
	174	启蒙思潮史话	彭平一
	175	三民主义史话	贺　渊
	176	社会主义思潮史话	张　武　张艳国　喻承久
	177	无政府主义思潮史话	汤庭芬
	178	教育史话	朱从兵
	179	大学史话	金以林
	180	留学史话	刘志强　张学继
	181	法制史话	李　力
	182	报刊史话	李仲明
	183	出版史话	刘俐娜

系列名	序号	书名	作者		
近代精神文化系列（18种）	184	科学技术史话	姜　超		
	185	翻译史话	王晓丹		
	186	美术史话	龚产兴		
	187	音乐史话	梁茂春		
	188	电影史话	孙立峰		
	189	话剧史话	梁淑安		
近代区域文化系列（一种）	190	北京史话	果鸿孝		
	191	上海史话	马学强	宋钻友	
	192	天津史话	罗澍伟		
	193	广州史话	张　苹	张　磊	
	194	武汉史话	皮明庥	郑自来	
	195	重庆史话	隗瀛涛	沈松平	
	196	新疆史话	王建民		
	197	西藏史话	徐志民		
	198	香港史话	刘蜀永		
	199	澳门史话	邓开颂	陆晓敏	杨仁飞
	200	台湾史话	程朝云		

《中国史话》主要编辑
出版发行人

总 策 划　谢寿光　　王　正

执行策划　易　群　　徐思彦　宋月华

　　　　　　梁艳玲　　刘晖春　张国春

统　　筹　黄　丹　　宋淑洁

设计总监　孙元明

市场推广　蔡继辉　　刘德顺　李丽丽

责任印制　岳　阳